JN438435

# 낯선 길
# 새로운 시작

낯선 길

# 새로운 시작

이우철 수필집

수필과비평사

| 책 머리에 |

# 낯선 길에 새로운 시작을 하며

그동안 선한길을 인도하신 하나님께 감사드립니다
수필을 배우기 시작한 지 10년, 차마 버리지 못해 아쉬운 흔적을 글로 엮어봅니다. 잡초만 무성한 마음의 글밭이라 벌레 먹은 못난이 열매만 열리곤 합니다. 의욕만으론 안되는 것이 글쓰기인듯 합니다. 그럼에도 무료한 일상을 달래며 저의 글쓰기는 계속하고 있습니다.

4년 전 출간한 글 모음집 『나이 드는 즐거움』에 이어 제2집을 『낯선 길, 새로운 시작』이라는 이름으로 얼굴을 내밀어 봅니다. 크게 나아진 것도 없는 부끄러운 글이지만 깜냥에는 하얀 밤을 지새우며 작품하나를 완성하면 즐겁고 행복했습니다. 혹 저와 비슷한 경험을 하는 분들이 공감하며 고개를 끄덕여 준다면 더없는 기쁨이 될 것입니다.

낯선 세종으로 둥지를 튼 지 어느새 2년이 되었습니다. 새로운 환경에서 친구를 사귀고, 서예 · 수필 등 취미활동을 하며 적응해 나가고 있습니다. 친구들은 '니가 왜 거기서 나오느냐' 묻기도 합니다. 그래요, 나이 들어 낯설게 사는 일이 쉬운 일은 아니죠. 그럼에도 어디를 가든 취미가 같은 동호인들을 만나고 믿음안에서 성도들과 교재를 나누며 즐거움을 찾아가고 있습니다.

『코로나19』역병으로 시작한 마스크 의무착용도 해제되려나 봅니다. 멈추고, 감추고, 의심하고 경계하던 시간이 다해 갑니다. 도전하며 손잡고 격려하는 일상이 다시 시작되리라 믿습니다.

신아문예대학 작가상을 제정하시고 발간비를 지원해주신 서정환 이사장님께 깊은 감사와 출판사업이 더욱 발전하시기를 기원드리며, 그동안 글쓰기를 정성껏 지도해 주신 전일환 교수님, 그리고 함께 교감을 나누며 힘이 되어준 문우님들께도 감사를 드립니다.

특별히 지난해 허리 골절로 어려운 고비를 겪으면서도 남편의 글쓰기에 첫 독자가 되어 격려를 아끼지 않은 사랑하는 아내와, 아들, 딸네 가족에게도 감사를 전합니다. 햇강아지 같은 우리 손자들 사랑합니다.

2023년 2월 새종시 새롬동 우거에서

牛耕 이 우 철

| 차례 |

## 제3부 고향의 밤



## 제4부 귀소

## 제5부 산다는 것



## 제6부 여행 탐방

제1부

# 낯선길, 새로운 시작

중학교 졸업할 때까지 30리 밖을 떠나본 적이 없던 우물 안의 개구리였다. 뒷동산에 올라 칡을 캐기도 하고, 친구들과 도랑을 뒤지며 가재를 잡던 기억은 잊을 수 가 없다. 성장하면서 도시는 동경의 대상이었고 '기회만 있으면 떠나리라' 는 생각이 끊이질 않았다.

주여 우리가 바꿀수 없는 일은 그대로 받아들이는
평온과 바꿀수 있는 일을 바꾸는 용기와 이들을
분별할수 있는 지혜를 주소서

니버의 평온을 위한 기도
우경 이우철

# 봄이 오면

신부를 맞이하듯 5월은 설레는 계절이다. 아침마다 다니는 등산길에 찔레꽃, 아카시아꽃 향이 나를 유혹한다. 봄비에 젖어 땅이 촉촉하고 날씨가 따뜻해지니 온 산이 채색옷으로 갈아입으며 눈을 편안하게 한다. 꽃이 피고 싱그럽게 나풀거리는 나뭇가지는 산소를 내뿜으며 우리를 시원스럽게 한다.

촉촉한 땅기운을 받아 새싹이 돋아날 때쯤이면 나는 몸살을 한다. 땅에 씨앗을 뿌리지 않으면 밀린 숙제를 남겨둔 것처럼 마음이 뒤틀리곤 한다. 도시에서 살지만 마음은 지난날 농촌으로 돌아간다. 매년 시市에서는 시민들을 위해 주말농장을 알선해주고 있어서 우리도 30여 평의 땅을 얻어 밭농사를 시작했다. 상추, 쑥갓, 케일, 오이, 가지,

고추 등 듣기만 해도 정겨운 푸성귀, 어디 이뿐이랴, 호박, 옥수수, 가지도 심었다. 모종으로 심은 지 10여일이 지나니 뿌리를 내리고 생기를 되찾아 갔다.

아들이 쉬는 날 고사리같은 손자들과 함께 농장을 찾았다. 우리가 늘 먹는 채소를 가꾸며 자라는 모습을 보여주고 싶었다. 제때에 씨를 뿌리고 가꾸지 않으면 거둘 수 없는 일이다. 아이들은 고추밭에 물을 주고, 우리는 오이, 토마토, 고추 등 지주를 세워주었다. 며칠 전 내린 비에 영양주사라도 맞은 듯 잎은 싱싱해지며 뿌리를 튼튼히 내리고 있다. 조금 지나면 가지를 뻗고 열매가 주렁주렁 열릴 것이다. 몸집이 무거워지면 비바람을 이기지 못하고 쓰러질 테니 지주도 세워 단단히 묶어주어야 한다.

며느리는 세 아이를 기르느라 8년째 휴직 중이었다. 아이들은 제 엄마를 잠깐만 떨어져도 숨이 멎도록 보채기도 했으니 한시도 떠날 수 없었다. 사람농사처럼 중요한 일이 있으랴, 자라나는 아이들을 보며 직장을 나가지 못하고 복직을 기다리며 나날을 보내야 했으니 많이 답답했으리라. 육아환경이 많이 좋아졌다고는 하지만 일과 육아를 함께 한다는 것은 쉬운 일이 아니었다. 그래서 녀석들을 돌보려 우리부부는 이사를 하게 되었고, 며느리는 지난해 8월 복직을 한 것이다.

흙 놀이를 하던 아이들은 고추밭에 물을 주겠다고 신이 났다.

'물은 내가 줄 거야, 아니야 내가 할 거야,' 서로 야단이지만 결국 호스의 주도권이 막내에게 넘어갔다. 이리저리 호스를 끌고 다니며 물을 주었고, 두 아이는 그 뒤를 따라다니며 흘리내린 흙을 덮어주었다.

겨울밤 이불을 덮어주듯 덮어준 흙은 영양분을 공급해주고 더위와 추위를 막아줄 것이다. 열매를 튼실하게 맺게 하도록 영양분을 공급해 줄 것이다.

'할아버지, 이게 뭐예요?' '아, 그건 옥수수란다.'

'아니 옥수수가 이렇게 어린데 어떻게 큰 옥수수가 열려요?'

'그래, 아직은 어려도 점점 자라면 큰 옥수수가 열린단다.'

손녀의 물음에 자세히 대답해주었다. 우리 먹거리가 어떠한 과정을 통해 밥상에 오르는지도 알려주어야 한다. 현장에 나가 씨앗을 뿌리고 가꾸는 체험을 하는 것은 더 좋은 교육이 될 것이다. 때가 되어 밭둑에서 점심을 펼쳤다. 오랜만에 복직한 며느리는 요즘 코로나가 확산되고 있어 바쁜 나날을 보내고 있으니 아들이 녀석들을 위해 오곡밥을 하고 맛있는 오리훈제를 만들어왔다. 양념간장과 맛깔스럽게 익은 묵은 김치도 한몫했다.

예전 엄마들은 남자가 부엌을 드나들면 고추떨어진다고 해서 나는 주방엔 얼씬거리지도 않았는데 아들은 일류 요리사(?)가 되었다. 제 아이들을 금쪽같이 여기며 정성스레 준비한 음식을 보며 아내는 눈시울을 붉힌다. 어릴 적 논두렁에서 먹던 모내기 밥처럼 밭둑에서 먹는 점심은 꿀맛이었다. 아이들은 뚝딱 밥을 먹고 또 소꿉놀이를 시작한다. 버려진 고추모종 포토에 흙을 담아 밥그릇을 하고, 물을 담아 국그릇이라 하며 밥상놀이를 한다. 옷이 젖고 흙투성이가 되어도 안중에 없다. 놀이기구가 없어도 물고기가 물을 만난듯 흙 밭에서 마냥 즐거워한다.

하늘에 솜털구름이 떠가고 햇살이 따사로운 오월, 삼부자三父子가 하는 농사체험은 더없는 즐거움이다. 땅을 밟으며 흘리는 땀방울은 몸은 피곤해도 정신은 맑아진다. 만물이 흙으로 와서 흙으로 돌아가는 것은 자연의 이치가 아닐까. '봄에 씨앗을 뿌리고 가꾸면 가을에 열매가 맺히리라'는 믿음이 있기 때문이다. 식물이 싹이 나고 무럭무럭 자라듯 녀석들도 머지않아 장성해 나갈 것이다. 어떤 위기의 순간이 와도 제 몫을 다하며 든든한 동량棟梁으로 자라주기를 소망해본다. (2021. 5. 1)

# 낯선 길, 새로운 시작

우리부부가 세종으로 이사를 한지 1년이 되었다. 세 아이를 기르며 휴직하던 며느리가 복직하려던 참이었다. 나도 이미 십여 년 전에 퇴직을 하고 그다지 특별한 일이 없었으니 가서 돌봐주면 서로 도움이 될 듯 싶었다. 아내와 나는 한그루의 사과나무를 가꾸는 심정으로 '우리가 갈게' 무거운 결정을 내려주었다.

평생 살던 곳을 떠나는 일은 쉬운 일이 아니다. 그동안 맺어진 인간관계는 물론 동호회 활동까지 단절되기 때문이다. 친구들은 만날 때마다 '니가 왜 거기서 나와' 묻는다. 직장생활을 하고 신앙생활을 하며 40여년을 넘게 살았던 곳에서 갑자기 종적을 감추었으니 당연한 질문이다. 전혀 낯선 곳으로 집을 옮겼으니 거기에 적응하는 일은 오롯이 우리의 몫이었다.

내가 살던 순창은 비가오고 궂은 날이면 기적소리만 들릴 뿐 기차를 한번도 볼 수 없었다. 중학교 졸업할 때까지 30리 밖을 떠나본 적이 없던 우물 안의 개구리였다. 뒷동산에 올라 칡을 캐기도 하고, 친구들과 도랑을 뒤지며 가재를 잡던 기억은 잊을 수가 없다. 성장하면서 도시는 동경의 대상이었고 '기회만 있으면 떠나리라' 는 생각이 끊이질 않았다. 고등학교를 졸업하던 나는 공직을 시작하면서 전주, 익산시를 거쳐 도청으로 옮겨 다닐 수 있는 기회가 주어졌다.

학연 · 지연 · 혈연이 뿌리 깊게 존재하던 시절, 직장 초년생들에겐 누군가 조금만 거들어줘도 든든한 버팀목이 되었다. 선배의 충고나 귀띔 한마디가 소중한 힘이 되기도 했다. 나 역시 누구네들처럼 든든한 지역적 배경도 환경도 없었지만 주어진 일에 최선을 다하면 인정받을 수 있으리라는 각오로 같이 근무했던 분들과 다정한 관계를 맺어갔다. 남보다 좀 더 희생하며 꼭 필요한 사람이 되리라 다짐하고 있었으니 그들이 이끌어주고 배경이되어 대과大過없이 34년의 공직을 마무리 할 수 있었다.

요즘은 손주들을 돌보며 아들네와 가까이 산다. 티없이 맑은 아이들이 좋아 놀이터 앞에 집을 마련하고 틈이 나면 함께 놀아주기도 한다. 어린이집에서 돌아오는 아이들은 '할아버지' 하며 안기는 손주들은 나의 기쁨이요 댓가없이 주어지는 따뜻한 행복이 되었다. 정적만 흐르던 집에 웃음꽃이 피고 윤기가 흐르기 시작했다. 제 누나가 장난감놀이, 말 타기를 하면 동생은 그대로 행동한다. 눈높이가 비슷한 아이들이니 말하고 행동하는 것을 그대로 따라하며 지능계발에 영향을 주는듯 싶다.

이곳 세종은 정부종합청사가 옮겨 오면서 2012년에 출범하게 되었다. 젊은이들이 몰려들었고 아이들도 자연스럽게 불어나게 되었으니 어느 곳보다 활기 넘치고 생동감이 있었다. 교통 환경이 좋고 시가지는 어디를 가도 아름답게 조성된 전원이었다. 아파트 경계도 나무를 심어 녹색도시로 탈바꿈하였다. 호수공원과 세종수목원이 가까이 있어 해질녘이면 가족끼리, 연인들끼리 여가를 즐기는 풍경은 한 폭의 그림이었다.

신도시가 그렇듯 비슷한 사람들로 여기저기서 모여들기 마련이다. 너, 나 할 것 없이 모두가 낯선 곳이요, 나이든 사람들은 자녀들의 필요에 따라 오게 되었으니 우리의 처지와 크게 다를 바 없었다. 모든 사람들이 서로 관계를 맺으며 살아가듯 취미가 비슷한 동호인들과 그 영역을 넓혀 나가야 한다. 어떻게 해서든 내가 좋아하는 등산 · 서예 · 문학(수필) 등 동호회도 가입하여 활동하고 있으니 조금 지나면 외롭지 않은 따뜻한 이웃이 되리라는 생각이다.

글쓰기는 나의 영원한 숙제이려니 싶다. 글은 그사람의 얼굴이요 삶의 과정이니 그 수준이 금방 변할 수 있을까. 좋은 글을 쓰려면 낯설게 살라한다. 생각이 떠오르지 않을 땐 여행도 다니고, 새벽시장에 나가 서민들이 사는 모습도 보며, 어떤 이는 제주도로 여행을 떠나 한 달씩 살아보기도 한다. 이제 세종으로 거처를 옮겼으니 이보다 낯선 길이 어디 있으랴. 새로운 친구를 사귀며, 아이들을 돌보는 일은 나에게 에너지를 충전하는 기회이다.

어릴 적 어머니는 행상으로 집을 비울 때마다 할머니가 우리를 먹이고 입히셨다. 할아버지는 온 몸에 옻이 올라 부스럼투성이인 나를 데리고 다니며 사람으로 만들어 주셨다. 이제 고희를 넘기며 우리는 그 분들의 자리를 차지하고 있으니 빚을 갚는 심정으로 아이들을 돌볼 것이다. 고희의 언저리에 새로운 시작을 하며 자녀들에게 든든한 버팀목으로 살아가려니 싶다. (2021. 9. 1)

# 가족사진

우리는 태어나면서부터 가족을 이루며 사랑을 주고받는다. 부모형제가 첫 만남이요 삶을 배워가는 스승이다. 스스로 선택할 수도 없고 미리 예정할 수도 없으니 하늘이 내린 만남이려니 싶다. 가정은 서로 의지하고 보호해주는 삶의 울타리이기에 자녀가 성숙하기까지 삶의 길을 안내해 주는 길잡이 역할을 하여야 한다.

지난해 11월, 아내 칠순기념으로 '가족사진'을 찍었다. 오래전부터 생각해오던 큰 숙제를 하나 해결했으니 너무도 기쁜 일이었다. 그도 그럴 것이 지난해 8월 새 집으로 이사를 하고 짐을 옮기면서 아내가 허리를 끔뻑한 것이다. 그 다음날부터 거동이 어려워졌으니 얼마나 힘들어하며 마음을 조였던가. 그간 병상에서 운신할 수가 없었지만 4

개월을 넘기면서 조금씩 회복되어 갔으니 천만다행이었다. 그래서 자녀들과 함께 사진도 찍고 축하하는 자리가 마련된 것이다.

오래오래 두고 보는 가족사진은 소홀히 할 수 없었다. 옷차림은 물론 서로 시간과 마음의 준비까지 하여야 하니 궂은 일이 있거나 마음이 편치 않을 때에는 말을 꺼낼 수도 없었다. 대구에 사는 사위는 일선교회를 책임지는 목회자로 있으니 항상 바쁘고 쉽사리 교회를 비울 수도 없었다. 과거 사진관은 명절날이 되어도 대목이라 하여 가게 문을 열고 손님을 기다려 주었는데 요즘엔 상가가 모두 철시하는 바람에 문 여는 곳을 볼 수가 없다. 그래서 아내 생일을 택하게 된 것이다.

어린아이들과 사진 찍는 일이 쉬운 일이 아니었다. 조금만 지체돼도 모습이 달라지고 자세를 바로 잡을 수가 없었다. 한아이가 눈을 감거나 자세가 뒤틀려도 다시 찍어야 했으니 수십 차례 찍고 또 찍어야 했다. '한 장만 잘 찍으면 되는데' 사진사는 여러 장을 눌러대며 정성을 다해주었다. 이왕 기회가 왔으니 아들 · 딸네도 별도의 사진을 덤으로 찍었다. 멋지고 예쁜 사진으로 고르는 건 마지막에 하는 일이다. 머리를 맞대고 좋은 것으로 사진을 고르며 즐거움은 더했다.

심리학자 「데이비드 크라우스」는 "사진은 우리마음의 발자국이요 삶의 거울이며 적막한 순간에 우리 손안에 쥘 수 있는 응고된 기억이라." 했다. 6 · 25한국전쟁 당시 피난민시절을 다룬 「국제시장」영화에서 주인공 덕수(배우 황정민)는 즐겁거나 어려운 일이 있을 때마다 돌아가신 아버지사진을 보며,

'아부지, 저 사느라 정말 힘들었어유' 펑펑 우는 장면을 잊을 수가 없다.

힘들고 어려운 일이 있을 때마다 사진속의 가족을 보며 흐르는 눈물은 마음의 상처를 치유하기도 한단다. 그래서 심리적질환이 있는 사람에게 미술치료, 음악치료처럼 사진치료를 권하기도 한다. 가족끼리 함께했던 때를 생각하면 심리적 안정감을 주고, 마음의 고통도 반감된다는 것이 전문가들의 의견이다. 이렇듯 활짝 웃고 있는 아이들의 모습을 보니 없던 힘이 솟아났다.

나에겐 어린 시절의 사진이 두장 있다. 노시에 사는 숙부님이 시골에 와서 찍어주고 간 8살 때의 사진이다. 중학교 졸업사진도 A3크기의 덩그러니 한 장만 남아있으니 그처럼 카메라가 일상화되지 못하던 시기였으리라. 당시 가족사진은 생각할 수도, 욕심을 낼 수도 없는 일이었다. 우리나라에 카메라가 보급되기는 그리 오래되지 않은 듯 싶다. 일본의 코닥사가 저렴한 필름을 대량생산하던 1960년대 후반이후 카메라가 시중에 보급되었을 것이다.

고희古稀를 넘기게 되었으니 우리 부부도 이젠 어쩔 수 없는 노년이다. 과거엔 60세만 되어도 '회갑을 축하드립니다' 현수막을 내걸고 떠들썩하게 동네잔치를 했는데, 요즘엔 고희연도 생략하는 추세이니 그만큼 수명이 길어진 탓이다. 그래도 그렇지, 사고없이 70년을 함께 산다는 게 쉬운 일은 아니다. 요즘 「코로나19」 팬데믹(pandemic)상황에 잔치는 할 수 없지만 기회를 보아 외국나들이라도 한번 가보려는 마음이었다. 부부로 연을 맺고 살아온지 44년, 그간 어려운 환경 속에서도 잘 견디어준 아내가 고맙고 감사할 뿐이다.

나이가 들어가니 이목구비耳目口鼻를 중심으로 몸이 삐걱거리고 있다. 탈모, 안구건조증, 비염, 이명은 물론 이빨 때문에 무척 불편하지만 헌 집을 수리하듯 병원에 다니며 그냥저냥 지낸다. 혼자서 무렴할 땐 못쓰는 수필도 써보고 서예書藝도 뗄 수 없는 친구가 되었다. 퇴직을 앞두고 시작했던 수필, 서예가 요즘 더없는 효자노릇을 하고 있는 셈이다. 지나온 삶을 돌아보며 이삭줍듯 하는 글쓰기는 나이드는 즐거움이요 덤으로 주는 행복이다.

요즘 젊은이들은 바쁘게 사는 것을 피부로 느끼기도 한다. 맞벌이가 일상화되고 있는 현실에서 육아는 부부가 함께 하는 것이 당연시되었고, 힘들고 어려운 때일수록 가족이 서로 밀어주고 당겨주며 중요한 시기에 서로 버팀목이 되어주어야 한다. 노년을 맞으며 우리가 아들 곁에 온 이유도 그 때문이다. 나날이 자라나는 세 명의 손주들을 돌보며 용기도 얻고 삶의 의욕도 솟아났다. 거실에 활짝 웃고 있는 가족사진을 보면 마음의 평화가 찾아온다.(2022. 2. 22)

# 그리도 좋을까

아들네 집 가까운 곳에서 손주들을 돌보며 살면서, 맞벌이 아들네도 돕고 덩달아 성장하는 손주들의 신선한 에너지도 받고 있어서 행복하다. 나이 들어 덩그러니 부부만 사는 것보다 가족이 함께하는 기쁨은 삶의 보람이요 힘이다. 자라나는 아이들을 보며 또 다른 시각에서 관심을 가질 수 있겠구나 하는 생각이다.

오후 4시가 되면 어김없이 전화벨이 울린다.

"응, 학원 끝났어? 알았어, 갈께."

불과 몇 마디를 건네고 잽싸게 달려간다. 초등학교 2학년인 손자 시원이는 이웃에 사는 승민이와 단짝 친구다. 「코로나19」로 바깥출입이 자유롭지 못하니 학교수업도 온라인으로 하고, 대면수업은 일주일에

두 번(화,목), 그것도 오전에만 학교를 다녀온다. 도서관은 물론 갈 곳도 적당히 없으니 그처럼 친구가 기다려지는 모양이다.

만나면 도랑의 돌들을 뒤지며 벌레를 잡고, 잔디밭에 나는 메뚜기, 잠자리, 귀뚜라미 등 곤충을 잡아 요리조리 살피고 날려 보낸다. 심지어는 창문으로 들어오는 모기 · 파리까지도 잡아 투명한 유리병에 넣고 신이 나서 살피는 걸 보면 기특하다는 생각이 든다. 도서관의 책을 빌려 시간나는 대로 탐독한다. 특히 동물중 곤충에 관심이 많아 집에서는 벌레박사로 통한다.

지구상에 알려진 동물은 137만여 종, 그중에서 70%에 달하는 100만여 종이 곤충이란다. 인간이 속하는 포유류 6,000여 종에 비하면 곤충의 종류가 엄청나게 많다. 곤충계의 지배자는 누구인가? 「최강곤충왕」을 읽으며 날아다니는 온갖 것들에 관심을 갖는다. 집에서는 곤충계의 왕 장수풍뎅이를 6개월째 키우고 있다. 먹이로는 무엇을 좋아하고 천적, 산란, 수명까지도 잘 알아낸다. 두 아이의 취미가 비슷하니 함께 있으면 여간 시끌벅적하지 않다.

이처럼 9~12세 때는 친구들의 유대관계가 강해지고 동성간의 우정이 깊어지는 시기란다. 학교를 오갈 때도, 노는 것도 우르르 몰려다니는 건 지극히 당연한 일일 것이다. 또래문화를 형성하며 무언가 공유하기를 즐긴다. 여자아이들은 인형놀이나 소꿉놀이를 좋아하고, 남자아이들은 전쟁놀이나 동식물, 곤충에 관심을 갖기 시작한다. 이때부터 공격적 환상들이 무의식속에 잠복하여 사춘기로 이어지는 시기란다.

그렇게 단짝이던 승민이가 갑자기 영국으로 떠난다고 한다. 제 아빠가 이달중 영국으로 2년간 유학길에 오르며 가족과 함께 떠난다고 하니 여간 서운치가 않은 모양이다. 학교를 다니며 첫 단짝친구가 되었는데…, 제 부모들은 녀석들의 아름다운 추억을 만들어주려 대둔산 부근 펜션에서 1박 2일 캠프를 하기로 했다. 1년 전 그네 집에서 하룻밤을 지내다보니 그렇게 가까워지고 정이 들었단다.

시원이는 기대에 부풀어 그날이 오기를 손꼽아 기다린다. 일기예보를 확인하고 거기 가서 무엇을 할 것인지 계획을 짠다. 보물찾기, 곤충잡기, 고기잡기, 불꽃놀이, 캠프파이어 등 하나하나를 적어 제 아빠에게 보여준다. '알았어!' 한마디로 안심시키면서도 그 기대에 어긋나지 않도록 불꽃놀이기구, 어망, 보물찾기 선물을 내심 준비하고 있는 듯 싶어 이를 보는 우리 부부도 덩달아 마음이 설레어 진다. 그리도 좋을까?

1950년대 말쯤, 내가 어릴 때는 적당히 놀 곳도 없었다. 깊은산 중턱에 마을이 있었으니 기껏해야 동네 정자나무 밑이나 큰 고샅에 나가 자치기를 하고, 돌 넘기기, 제기차기가 고작이었다. 가을걷이가 끝나면 텅 빈 논에 나가 공을 차기도 하고 도랑을 찾아다니며 가재를 잡고 입이 굴풋해지면 괭이를 들고 뒷산으로 가서 칡도 캐 먹었다. 입 주변은 새까맣게 되니 볼만했다.

이렇듯 어릴적 가까운 친구가 있다는 것은 아름다운 추억이다. 허물없이 속사정을 나눌 수 있는 벗을 만나는 일은 삶의 기쁨이요, 신선한 활력을 주며, 정서를 풍부하게 하고, 삶을 윤택하게 해 준다. 제 아이들로 인해 부모까지 친구가 되었으니 뿌듯한 기쁨이리라. 매일 떨어져서는 못사는 친구가 영국으로 떠난다니 헤어지는 아쉬움을 같이 나누고 싶었으리라.

역병으로 물리적 거리두기를 지속하는 요즘 노유를 막론하고 누구나 대화에 목말라 한다. 가까운 이웃이 있다는 것만으로도 든든한 버팀목이 되어준다. 서로 조금씩 관심을 갖고 단단한 끈으로 연결돼 있음을 느끼며 진솔한 이야기를 나누는 것은 더없는 휴식이요 산소같은 대상이 아닐 수 없다. 이 저녁 아름다운 어린 시절의 추억이 차곡차곡 쌓여지기를 기대한다.(2020. 9. 5.)

# 행복의 불씨

사방에 봄꽃 천지다. 세종은 어디를 가나 벚꽃과 목련화로 꽃동산을 이루고 있다.

「코로나19」로 모두가 힘들어하는 시기에 깊은 시름의 터널을 빠져나오듯 상서로운 소식이 우리가족을 기쁘게 한다. 8년간 세 아이를 기르며 아이들이 커가는 기쁨도 있었지만 며느리에겐 한구석 말할 수 없는 응어리가 자리하고 있었기 때문이다.

지난해 극장가에서는 『82년생 김지영』으로 천만명 이상의 관객을 돌파하며 인기를 끌고 있었다. 주인공 김지영은 직장을 다니다 결혼을 하고 집안 일과 육아에만 전념하는 젊은 여성이었다. 직장인이 주부로 상황이 바뀌어 하루하루가 정신없이 흘러가고 있었다. 매일 아이와의 전쟁을 치루면서도 남편이 퇴근을 하면 저녁을 챙겨주어야 하는 일상이 반복되다보니 무료하고 공허한 마음을 짓누르고 있었다.

직장인으로 상사에게 능력을 인정받으며 일하던 여성이 결혼을 하다보니 180도 달라진 자신의 환경에 적응하기가 어려워 우울증세가 시작된 것이다. 명절이 되어 시부모님 · 시누이 뒷바라지에 그 증세는 심해지고 있었다. 남편은 병원을 찾아 아내의 병명을 찾아내고 온갖 방법을 동원했으나 별다른 방법이 없었으니 결국 남편이 휴직하기에 이른다. 아내를 직장으로 보내며 위기를 탈출하는 모습을 그려낸 작품이다. 아내는 직장을 다니며 자신의 겪은 내용을 소설로 썼으며 또 영화로 제작되어 대 히트작이 된 내용이다.

며느리도 동시대를 살아가는 젊은 여성이다. 어쩜 이다지도 비슷한 시기에 똑같은 상황을 맞이하고 있을까. 모든 게 때가 있는지라 결혼 이후 세 아이를 기르고 있었으며 누구에게도 하소연 할 수 없는 무력증에 시달리고 있었다. 아유 이걸 어떻게 하나, 얼마 뒤에야 우리 부부는 이를 알게 되었으며 육아를 돕기 위해 지난해 낯선 곳으로 이사를 한 것이다. 지난해 8월 복직을 하여 근무를 시작한 곳은 코로나 관련부서였다. 시기적으로 민감한 과제를 떠안은 만큼 밤낮 쉴 틈이 없었다. 오랜만에 되찾은 일자리였으니 그저 감사히 받아들이며 얼굴에는 화색이 돌았다.

사람은 누구나 주어진 달란트가 있다. 아무리 능력있는 사람도 환경과 여건이 맞지 않으면 그 역량을 발휘할 수가 없는 일이다. 오랜만에 복직하여 맡겨진 일이라 물고기가 물을 만나듯 주어진 일에 최선을 다했을 것이다. 그동안 둥지 안에서만 갇혀 살던 새가 끝없는 창공을 나르듯 숨통이 트이는 변화가 온 것이다. 때가 때인지라 온 국민의 건강에 직결되어 초미의 관심사가 되고 있었으니 마음대로 쉴수도 행동할 수도 없는 일이었다.

'백신도입이 왜 이렇게 늦어지고 있느냐' 여기저기서 비난이 쏟아지고 있었으니 밤늦게까지 정신이 없었을 것이다. 가까운 경북 안동에서 백신(아스트라 제네카)을 생산하고 있었지만 미국의 수주품을 우리 마음대로 가져올 수도 없는 일이었다. 다행히 백신 도입의 길이 열리면서 역병 확산은 조금씩 진정되어갔다.

며느리는 맡겨진 일에 충실하다보니 복직한지 불과 8개월 만에 사무관승진의 영예를 안았다. 국가와 사회가 적당한 시기에 그를 필요로 했고 또 직장에서 인정을 받아 승진까지 하였으니 얼마나 감사한 일인가. 집안일과 육아에만 전념하던 며느리가 오랜만에 기를 펴고 다른 동료들과 어깨를 나란히 할 수 있었으니 우리도 조금은 도움을 준 것 같아 보람이 있었다.

우리가족은 모처럼 밖으로 나가 점심을 같이 했다. 아내는 꽃다발을 안겨주며

'아가야 장하다. 그동안 마음고생이 많았는데 이제는 얼굴을 펴고 살거라.'

'고마워요. 모두 부모님이 도와준 덕이죠.'

아내는 눈시울을 붉히며 며느리를 꼭 안아주었다.

코로나로 전 세계가 긴장하며 산다. 경제는 위축되고 사람이 사람만

나기를 두려워하는 세상이 되었다. 우스갯 소리지만 최근 카톡에는 이런 글이 돌아다니고 있었다.

'하나님은 우리에게 마스크란 굴레를 씌워 말을 못하게 하고,
거리두기를 하며 사람을 싫어하는 사회가 되었다.
가는 곳마다 연락처를 적어 신분을 밝혀야 하니 하나님의 노여움을 풀어달라' 는 내용이다.

요즘 누구나 살기가 힘들다고 한다. 경기는 좀처럼 살아나질 않고 가정마다 조그만 일에도 신경이 날카로워지기 쉬운 때이다. 가정이란 작은 울타리에서부터 자기 목소리를 낮추고 서로를 위로하고 격려해 주며 힘을 내야 한다. 우리가 세종으로 이사온 것도 그런 이유가 아니었나 싶다. 모처럼 밝혀진 행복의 불씨가 더 밝게 멀리 비춰지기를 기원한다. 우리 며느리 파이팅 (2021. 4. 1)

# 동지팥죽

며칠 전 아내와 팥죽집을 찾았다. 어릴적 즐겨먹던 동지팥죽이 먹고 싶어서다. 나이가 들수록 음식도 추억으로 먹는다는데 나도 어쩔 수 없이 나이가 드는가 싶다. 그토록 싫어하던 꽁보리밥과 고구마도 요즘은 건강식이라 하여 많은 사람들이 즐겨먹는다. 어머니가 끓여주시던 동지팥죽이 간절해지는 저녁이다.

가을걷이를 끝내고 추운 겨울이 되면 어르신들은 사랑방에 모여 새끼를 꼬고 가마니를 짰다. 엄마들은 가족들을 위해 따끈따끈한 먹거리를 챙기는 것이 일이었다. 추운겨울 입이 굴풋해 질때면 호박떡이나 질퍽한 무떡을 가끔 해 먹었다. 3대가 함께 살던 우리 집 동짓날은 축제나 다름이 없었다. 어머니는 부엌에서 불을 지펴 팥을 삶았고 가족들은 찹쌀가루를 반죽하여 새알심을 만들었다. 어른, 아이 할 것 없이 만들다보니 새알이 볼품은 없지만 크게 개념치 않았다.

해가 지고 어둠이 짙어오면 부엌에도 허청에도 문간이나 외양간에도 환하게 불을 켜고 복을 빌었다. 접시나 깍쟁이에 기름을 치고 창호지窓戶紙로 심지를 만들어 집주변에 불을 밝혔으니 멀리서 보면 절간의 연등처럼 아름다운 그림처럼 보였다. 집 주변에 불이 켜지면 어머니는 주변을 돌면서 여기저기 빨간 팥죽물을 뿌렸다. 가족들의 안녕을 빌며 '잡귀들아 물러가라'는 뜻이다. 가마솥에 나무를 때서 끓인 팥죽은 꿀맛이었다. 동짓날도 설날의 떡국처럼 죽 한그릇을 먹으면 나이를 한 살 더 먹는다고 했다.

동지팥죽은 중국의 '형초세시기荊楚歲時記'에서 유래한다. 당시 공공이라는 사람에게 무던히 속을 썩이던 아들이 있었단다. 그 아들 때문에 하루도 맘 편할 날이 없었는데 어느 동짓날 죽고 말았단다. 공교롭게도 역질귀신이 되어 동네사람들을 괴롭혔다고 한다. 이에 공공은 아들이 붉은팥을 무서워했다는 기억을 떠올리며 팥죽을 쑤어 이웃사람들과 함께 먹고 집 외벽에 뿌려 그 악귀를 쫓았다고 한다. 붉은 색은 귀신이 싫어하는 색이라 하여 팥을 많이 사용했다는 전설이다.

당시 세시풍습은 정학유의 농가월령가 11월령에도 전해지고 있다.

"동지는 좋은날이라 일양이 동하는구나.
제철이라 팥죽 쑤어 이웃과 나누어 먹세.
새 달력 널리 펴니 내년절기 어떠한가.

해 짧아 덧이 없고 밤 길기 지루하다.
공채사채 다 갚으니 관리면임 아니온다.
사리문을 닫았으니 초가집이 한가하다." (중략)

이날엔 새해를 잘 준비하라는 의미로 달력을 선물하기도 하고, 며느리는 시어머니에게 버선을 지어 드리기도 했다. 또 단오가 가까워 오면 여름철 부채선물도 했고, 동짓날엔 이웃끼리 책력을 돌려보거나 선물하기도 했다. 이 모두 농사를 짓던 농경사회의 풍습이었고 책력은 요긴하게 펼쳐보던 생활지침이기도 했다.

서양에서도 비슷한 풍습은 있었다. 유대인들이 애굽에서 종노릇하던 시절, 애굽 전역에 장자가 죽어가는 재앙이 내리고 있었다. 400여 년 종살이하던 유대인들을 풀어달라는 '모세'의 요청을 애굽왕이 거절하여 하나님이 내린 재앙이었다. 이에 유대인들은 양(羊)을 잡아 붉은 피를 문설주나 인방引枋에 발라 재앙과 종살이를 면할 수 있었다고 한다. 그 날을 기념하는 행사가 유월(pass over)절이며 기독교계에서 오늘날까지 전해오고 있다.

동지가 되면 지난해 운명하신 어머니생각이 아른거린다. 매달 머리 파마를 하실 때마다 전주 모래내 '나비미용실'에 모셔다 드렸다. 양로당 친구들과 어울리다 보니 꼭 염색을 하셨다. 거울에 비친 쭈글쭈글해진 얼굴, 반쯤 굽어진 허리는 자식들을 위해 고생하신 상처나 다름이 없었다. 파마가 끝나면 으레 시장안의 팥죽집을 찾았다. 평소 좋아하시던 음식이라 맛있게 드시지만 식성이 점점 줄어 들어 반 그릇 정도는 나에게 부어주신다.

'젊은 사람은 뱃심이 짱짱해야 하는겨'

아내와 동지팥죽을 먹으며 지난해 우리 곁을 떠나신 어머니 모습이 아른거린다. (2019. 12. 25.)

# 호박을 긁으며

그동안 아끼던 누런 호박을 긁었다. 어릴 적 할머니가 끓여주시던 호박죽 생각이 나서다. 잘 익은 호박은 거실 TV옆에 두고 보기만 해도 향수를 느낀다. 요즘 역병「코로나19」로 방콕생활에 너나없이 답답하던 터라 붓글씨와 수필쓰기도 하며 시간을 보낸다. 벚꽃은 만발했어도 출입이 자유롭지 못하니 '춘래불사춘春來不似春'이려니 싶다.

호박은 우리에게 참 친근한 먹거리이다. 그래서 아내는 봄마다 담장 밑에 호박을 심었다. 듬성듬성 심어도 처음엔 연약하게 돋아나지만 조금만 돌봐주면 잘도 자라 순식간에 넝쿨이 담장을 덮고 옥상을 덮는다. 무섭게 줄기를 타고 오르는 넝쿨을 보면 성난 뱀처럼 그 기세가 대단하다. 큰 잎은 작은 우산만하여 담장이고 지붕이고 호박넝쿨

천지가 된다.

호박은 꽃이 피는 마디마다 애호박이 열린다. 적당히 바람도 통하고 햇볕을 받아야 썩지 않고 커나간다. 주먹만 한 호박은 아침저녁 반찬거리로 최고의 식재료가 된다. 주부들이 자주 시장에 가지 않아도 집에서 편리하게 밑반찬을 만들 수 있으니 좋다. 주변에 작은 터전이 있으면 아이 기르는 심정으로 호박이나 채소를 심어 자라고 열매를 맺는 모습을 보면 더없는 즐거움이다.

연한 잎이나 순은 따서 국을 끓여 먹어도 좋고, 밥솥에 살짝 쪄서 밥과 된장을 싸 먹으면 여름철 입맛을 돋구워준다. 어머니는 풋고추를 조금 썰어넣고 얼큰하게 끓인 호박된장국을 그렇게 좋아하셨다. 호박전, 호박볶음, 호박무침을 올려놓으면 여름철 효자밥상이 되었다. 담장에 대롱대롱 달린 애호박은 보기만 해도 정겹고 푸짐한 먹거리다. 누렇게 잘 익은 호박은 추운겨울 달달한 죽이나 떡을 해서 먹었고, 넝쿨은 말렸다가 쫑쫑 썰어 쇠죽을 끓여주기도 했다.

동의보감에 호박은 '맛이 달고 오장을 편하게 하며, 산후혈전증을 낫게 해주고,

순환기 질환을 잘 다스리면서 눈과 정신을 밝게 한다'고 쓰여 있다. 출산 후 부기가 있는 여성들에게 부종을 완화해주며, 피로회복, 불면증 해소에도 좋은 약재로 쓰였다. 우리나라에는 임진왜란 이후인 16세기 말에서 17세기 초에 일본과 중국에서 들어왔을 것으로 추정하고 있다. 오랑캐로부터 전래한 박과 유사하다고 하여 호박이라고 부르게 되었다고 전한다.

이런 좋은 먹거리를 '호박처럼 생겼다. 호박꽃도 꽃이냐? 하찮은 호박나물에 속이 상한다.'며 비하하기도 한다. 또 좋은 의미로 전하는 말도 있다. 뜻밖에 좋은 일이 생겼을 때 '호박이 넝쿨째 굴러왔다.'며 좋아하기도 한다. 우리가 공기나 물처럼 아무 곳에서나 구할 수 있을 땐 그 고마움을 잊고 산다. 호박이 여름철 우리 식탁을 풍성하게 하는 좋은 먹거리식품 임을 안다면 늘 감사할 줄 알아야 할 것이다.

초등학교에 다닐 때 일이다. 여름철 밭에서 일하고 오신 할머니는 늘 호박수제비를 끓여주셨다. 장작불 솥에 애호박과 감자를 뚝뚝 썰어 넣고 끓인 수제비는 가족들이 즐겨먹는 먹거리였다. 나는 마당 한가운데 모깃불을 피웠고, 평상을 깔아 밥상을 준비했다. 가족들은 둘러앉아 지는 해를 바라보며 만찬을 즐기곤 했다. 산골은 산이높고 골이 깊어 해가 지면 금방 어둠이 찾아온다. 으슥한 저녁 뒷산에서는 뻐꾸기와 부엉이가 구슬프게 울어댄다. 하늘의 별은 밤이 짙어 갈수록 유난히 반짝거렸다. 우리 형제들은 별을 세며 평상에서 멋모르고 잠이 들었다.

어머니가 행상을 떠나시면 우리는 늘 할머니 손에서 자랐다. 부지런하고 자상하신 할머니는 봄에 삼을 심고 여름철 손자들의 바지나 속옷은 지어주셨다. 밤늦도록 삼을 째고 실을 날아 베를 짜셨다. 호박죽이든, 고구마든, 손주들을 늘 챙기시고 든든하게 먹이고 입히셨던 할머니에 대한 사랑을 잊을 수 없다. 밥이 적다 싶으면 '이거 더 먹어라'하고 덜어주시던 할머니는 우리의 안전지킴이였다. 오래전 이승을 떠나셨지만, 오래오래 우리 마음속에 남아 있다.

아내는 내가 굵은 호박에 팥과 쌀가루를 넣어 죽을 쑤었다. 잘 익은 누런 호박이니 달달하고 맛은 이를 데 없었다. 그땐 양식을 아끼려 호박죽을 먹었지만 요즘엔 별식이다. 호박죽을 먹으며 어릴적 할머니가 쑤어주시던 수제비를 생각하면 고맙고 눈시울이 뜨거워진다. 직장 초년병시절 월세방을 전전하며 우선 내 앞가림하느라 보답해드리지 못하고 할머니를 보내드려야 했으니 죄송스러울 뿐이다. 윗분들에게 받은 사랑을 이제 손자들을 돌보며 할머니에 대한 사랑을 조금이나마 보답하는 중이다. (2020. 4. 11.)

# 젊은 여성들의 육아고민

-'82년생 김지영' 영화를 보고-

여성의 장래희망이 현모양처賢母良妻인 때도 있었다. 결혼을 하면 전업주부로 돌아가 육아와 가사에 전념하기 마련이었다. 사회가 발전하면서 욕구는 다양해지고 저마다의 꿈과 희망을 실현하고자 부단히 노력하며 산다. 경제적 부담이 늘어나면서 오래전부터 부부맞벌이는 당연시 되어 이에 직장여성들의 육아고민은 깊어지고 있다.

아내와 함께 "82년생 김지영"이란 영화를 관람했다. 동명同名의 소설을 영화화한 이 작품은 개봉과 동시에 박스오피스(Box office)상위권을 랭크하며 흥행을 이어가고 있다. 여성들이 결혼을 하고 육아에 전념하면서 느끼는 갈등과 고민을 사실적으로 묘사하고 있는 작품이다.

가정에 아이가 있다는 것은 축복이요 행복의 원천이다. 그럼에도 아이를 기르면서 직장과 사회로부터 단절될 수밖에 없으며 티도 안나는 일거리가 밀려오기 때문이다.

명절은 물론 수시로 겪어야 하는 역할과 이를 당연시하는 시댁의 요구는 결국 며느리의 스트레스에 더하여 우울증으로 이어진다. 주인공(김지영)은 본인도 모르는 사이에 이상한 말과 행동으로 주위를 놀라게 한다. 심각한 고민에 빠진 남편은 병원의 전문의와 상담을 하며 아내 몰래 동영상을 찍어 핸드폰에 담아둔다.

'당신이 많이 아파, 병원에 한 번 다녀와.'

당사자는 그 증세를 완강히 부인하지만 동영상을 보여주니 그 사실을 인정하기에 이른다.

정신적 질환을 앓고 있는 환자는 자신의 증세를 좀처럼 인정하려 들지 않는다. 스스로 병원에 가기만 해도 절반은 해결된다는데…. 지영은 병원의사와 상담하며 치료방법을 모색하기에 이른다. 결국 남편이 스스로 6개월간의 육아휴직에 들어가며 아내를 원하는 직장으로 돌려보낸다. 하고 싶은 일이 많았던 김지영은 그간의 경험을 되살려 '82년생 김지영' 소설을 쓰게 되었고, 베스트셀러에 이르게 된다. 숨겨진 재능을 발휘하며 우울증을 치료해가는 과정을 소상히 담아내고 있다.

출산기를 맞이하는 대부분의 직장여성들이 겪는 갈등이다. 요즘 30대를 살아가는 직장의 여성들은 누군가의 딸이요 누군가의 평범한 며느리들이다. 잘 다니던 직장을 중단해야하고 사회와 단절하며 육아에 전념하는 것은 오늘날 젊은 여성들이 오롯이 겪어야 하는 십자가일 것이다. 주인공 김지영은 성차별과 불평등의 문제까지 노출시키고 있어 페미(femi)논쟁까지 불러일으킨다는 남성들의 비판을 받기도 하지만 어쩔 수 없는 현실이다.

영화를 보며 아내는 내 손목을 꼭 잡았다. 훌적이며 눈시울을 적시고 있었다. 우리 며느리가 겪고 있는 갈등과 아픔을 보는 것 같아 가슴이 아렸다. 82년생으로 동시대를 살아가는 며느리와 너무도 비슷한 상황이었다. 며느리는 세 아이를  낳아 기르기까지 7년째 휴직중에 있다. 어렵게 들어간 직장생활을 중단하고 가정에 유폐(?)된 상태에 있으니 말할 수 없는 갈등과 고민은 우울증의 문턱까지 와 있었다. 지금은 그 터널을 지내온 상태지만 육아는 저들의 당연한 일로만 여겨지지 않았던가.

여성들이 하고 싶은 일을 하며 당당하게 사는 것은 건강한 사회를 향한 지름길이다. 일과 가족이 양립하기 위해서는 사회적 제도와 주변의 적극적인 지지가 밑받침되어야 한다. 저출산의 심각성을 깨달은 국가에서도 육아환경을 많이 개선해 나가는데 노력은 하고 있지만 저들의 요구에는 크게 미치지 못하고 있음은 사실이다. 2019년도 우리나라의 출산율이 0.84명으로, OECD회원국(평균출산율 1.68명)중 최하위에 머물러 있다. 일본은 출산율 1.3명이다.

출산과 육아는 국가의 장래를 위해서도 양보할 수 없는 일이다. 어릴 적 아이를 제대로 돌보지 않으면 평생 영향을 미치기 때문이다. 이제 젊은이들의 진로와 여성들의 육아문제는 남의 일이 아니라 사회가 함께 보듬어야 할 과제가 되었다. 세 아이를 잘 기르고 있는 며느리에게 박수를 보내며, 혹 부모의 손길이 필요하면 언제든지 요청하길 기대한다. (2019. 11. 1.)

제2부

# 동행

산길에 들어서면 찔레꽃, 달맞이꽃, 패랭이꽃등 이름을 불러주며 정겨운 친구가 된다. 잡초로만 여기던 개망초도 집단으로 꽃을 피워 하얀 설원을 만들어낸다. "밉게 보면 잡초 아닌 풀이 없고, 곱게 보면 꽃 아닌 사람이 없다"던 다산茶山선생의 글이 떠오른다.

밉게보면잡초아닌풀이없고곱게
보면꽃아닌사람없으되내가잡초
되기싫으니그대를꽃으로볼일이다

허물을찾으려들면먼지없는이없고덮으려들면못덮을허
물없으되누구의눈에들어가기는힘들어도눈밖에나가기는한
순간이다 이천십삼년봄다산선생목민심서중 우경이우철

# 어미없는 자식

'늦게 다니지 말아라. 밥은 먹었느냐?'

환갑이 넘은 아들을 동구밖 정자나무까지 나오셔서 기다리셨다. 다섯 자식들을 가르치시며 한창 커나갈 무렵 어머니는 행상을 다녀야 했다. 물건을 머리에 이고 또 손에 들고 이집 저집 장사를 다니셨을 것이다. 끼니를 때우지 못하고 넘기는 때가 많았을 테니 그때를 생각해서 그랬을 것이다.

허리가 굽으시고 연로하신 어머니지만 양로당에 나가 마을친구들과 잘 어울리셨다. 이야기도 잘 하시고 재미나게 지내시다가 해질녘이면 들어오셨다. 우리부부가 좀 늦게 들어오는 날이면

'나 밥 먹었다. 챙길 것 없다.' 하신다.

사실 아직 먹지도 않으셨음에도 며느리를 배려하는 마음에서 하시는 말씀이다.

저녁 늦게 들어오는 나는 미쳐 식사를 하지 못하는 때가 많았으니 '나 밥 안 먹었어요. 함께 드십시다.' 하면 수저를 들고 밥 한 그릇을 다 드셨다.

서울에 사는 손자 가족들이 오면 얼굴이 활짝 펴지고 안아주고 즐거워하시며 "아나 맛있는 것 사먹어라" 용돈을 듬뿍 쥐어주시던 인정 많은 어머니는 엊그제 생을 마감하셨다. 이제는 더 이상 이 땅에서 뵐 수 없다고 생각하니 한없이 외롭고 요양병원에 계시던 모습이 떠올라 잠이 오질 않는다. 요양병원에 갈 때마다 물, 물, 하시며 벌컥 벌컥 드시던 어머니는 마음이 답답하신 듯 했다.

장례를 치루고 집에 오니 나간 집처럼 허전했다. 앞마당과 화단에 풀이 웅성하게 자라 있었다. 우리 부부는 호미를 들고 풀을 뽑고 집주변을 정리해 나갔다. 얼마 전까지만 해도 어머니가 하시던 일이었다. 아침 일찍 어디서 닥 닥 닥 소리가 나서 나가보면 화단에서 호미질을 하고 계셨다. 허리가 굽으시고 무릎이 아프시니 덜썩 주저앉아 풀을 메시고 마당에 잔디도 가위로 자르셨다. 이제 그 모습을 더 이상 뵐 수 없다고 생각하니 눈물이 앞을 가렸다.

92개성상을 고부갈등이 심하고 시동생들이 줄줄이 많았으니 어떻게 모진 세월을 보내셨을까. 그래서 훠이 훠이 장사를 다녔을 게다. 사랑하는 자식들을 집에 두고 고개가 빠져라 짐을 머리에 이고 행상을 다니셨을 것을 생각하면 가슴이 아린다. 21년전 아버지를 먼저 보내고 많이 외로웠을 것이다. 나이들면 외로움도 병이라는데 무릎이 아프고 허리가 아파 몸을 가누지 못할 때는 더 아버지 생각이 간절했을 것이다. '잘해 드리지 못해 죄송합니다.' 늦게나마 탄식해본다.

유품을 정리하다 보니 한번도 입어보지 못한 옷이 꽤 있었다. 그렇다고 철철이 많은 옷을 해드린 것도 아니다. 말년엔 외출을 못하고 들어앉아 계신 뒤로는 거의 새 옷을 해드리지 못했다. 건강하실 때도 '입던옷이 편하다' 하시며 헌옷만 입으시고 새옷은 아끼셨다. 양로당에 가실때는 부끄러운 마음에 새 옷으로 갈아입히면

'나들이 할 때나 입어야지, 여기서 뭐 하러 입느냐' 하셨다. 나들이 할 가망이 없이 그 아끼시던 새 옷을 다시는 입어보지 못하고 옷장에서 잠을 자고 있었다.

점점 나이가 들어가시면서 행복의 기준은 달라져갔다. 새 옷을 사드릴 때도, 용돈을 드릴 때도, 고깃국을 끓여드릴 때도 아니었다. 양로당에 계신 여러 친구들이 있을때 과일이나 촉촉한 떡을 해서 나누어드리면 흐뭇해 하셨다. 또 증손자들이 와서 무릎에 앉아 안아주고 어루만질 때 더 좋아하셨다. 생명이 소멸해 갈수록 막 움트는 생명과 어울리는 것은 무슨 조화일까. 아이들이 뛰어놀고 기뻐하는 것을 보면 환한 웃음을 감추지 못하셨다.

항상 칭찬을 잘하시며 남의 말을 건네지 않으신 어머니,

밥상머리에서 가끔 음식투정을 하던 나에게

"좀 싱거우면 삼삼해서 좋다. 좀 짜면 간간해서 좋다."하라신다.

좋은 점을 이야기 하고 누구의 단점도 말하는 일은 없었다. 현재를

만족해 하시며 웬만하면 참고 사신 분이었다.

생로병사生老病死 우리 모두의 일이다. 어머니의 삶은 어쩌면 나의 일이요 우리 모두가 겪어야할 과정이다. 최후의 순간을 조용히 잠자듯 마감하고 싶지만 마음대로 할 수 없는 일이다. 말년에 1년 정도 누님이 모시다가 큰 고통이나 아픔없이 떠난 것으로 위안을 삼으려 한다. 장례식을 마치며 우리 가족은 서로를 위로하며 마음으로 단합하기를 간절히 바랬다. 어미없는 자식이 되었으니 어이할거나. (2021. 5. 18)

# 묵향

취미생활을 하며 적당히 갈 곳이 있다는 것은 즐거운 일이다. 은퇴하기 5년 전부터 서예를 시작했으니 벌써 오랫동안 벗이 되었다. 마음이 답답할 때, 어떤 일이 잘 풀리지 않을 때 붓을 잡으면 잡념이 사라지고 정신이 맑아진다. 한 글자 한 글자 쓰다보면 나도 모르게 세상 시름을 잊는다. 동호인들과 교감을 나누며 차를 마시는 것은 덤으로 주는 행복이다.

나는 요즘 예기비禮器碑를 즐겨 쓰고 있다. 중국 곡부曲阜:춘추시대 노나라의 수도, 공자의 고향 공자묘당의 비문으로 후한後漢 이후 1,800여 년의 세월이 지난 오늘까지도 훼손되지 않고 안전하게 보존되어 있다니 놀라운 일이다. 서법학자들은 예기비를 일컬어 '중후重厚

와 연미研美 갈고 닦아 아름답게 하여 어느 것에도 기울지 않는 중용의 품격을 지닌 필체로 한비漢碑가운데 가장 우수한 작품이라며 용필이 정교하고 방정하고도 준엄한 힘이 있다'고 평가한다.

과거 이름있는 선비들은 먹을 갈며 글을 쓰는데 평생을 보냈다. 연필이나 볼펜도 없던 시절, 편지는 물론 의사전달도 모두 붓글씨로 했다. 서여기인書如其人, 글씨는 그 사람의 인격 내지는 인품을 포함하고 있다는 의미라 하여 학문의 깊이까지도 평가를 받던 시대였으니 서원을 중심으로 그 열기가 대단했으리라. 서예를 하면 당연히 필력이 생기고 기교가 늘어 날렵한 선율을 마음대로 조절할 수 있으니 글방 선비들은 대부분 사군자를 비롯한 문인화, 산수화 등 그림에도 예술의 경지를 넘나들었다.

당파에 몰려 하루아침에 귀양살이를 떠나기도 했다. 그래도 자존심은 있으니 주막을 드나들며 '이봐라, 주안상을 들이거라.' 큰 소리를 치기도 했다지만 가난뱅이 주제에 그 술값은 어찌했을까? 유배생활을 오래 하던 다산선생은 주모의 치마폭에 그림이나 시 한 수씩 써주며 술값을 대신했다고 하니 그 시절 멋진 풍류가 그리워진다. 또 몰래 여인과 긴 밤을 지새우며 결실을 맺기도 했으니 먼 훗날 몸이 아플 적 생면부지의 젊은 여인이 나타나 '아버님, 뵙시다' 큰절을 올리며 한 달여 병간호를 하고 떠났다는 일화는 훈훈한 감동을 준다.

요즘은 누구를 막론하고 바쁜 세상이다. 세월아 네월아 먹을 갈며 붓글씨를 배우는 사람은 줄어들었다. 아무리 인품이 좋고 재능이 뛰어난 사람도 주머니가 텅텅 비어 있으면 푸대접을 받는 세상이 되었다. 오래오래 인고의 과정도 거치며 과거의 자기필체를 잊어야 하니 그걸 꺼리는 것은 당연한 일이다. 컴퓨터 자판을 두드리면 명필이 튀어나오고 크기 간격을 마음대로 조절할 수도 있으니 명필가가 무슨 소용이랴, 그래서 대학의 서예학과도, 학원가도 그 입지가 좁아져 가고 있다. 이제 복지관이나 주민자치센터에서 나이 드신 분들이 그 명맥을 이어가고 있으니 붓글씨 문화의 변화가 필요한 시점이다.

동아시아권 나라가 그렇듯 우리는 한자문화권에서 살아왔다. 2010년에 발간된 「숫자로 살펴보는 우리말」에 의하면 우리말 어휘의 58.5%가 한자로 된 단어라 하니 한자와 붓의 관계를 떼어놓을 수 없다. 한글은 소리글이라 추상명사 기저에 한자가 숨어있다. 일부에선 한글전용을 외치기도 하지만 우리문화의 근본을 이해하기 위해서도 한자교육은 전향적으로 필요한 시점이다. 다만, 한자일변도의 행 · 초서行草書가 서예의 얼굴을 대신하다보니 젊은이들의 관심이 점점 줄어든 것은 사실이다.

행서, 초서는 읽기가 어려울 뿐 아니라 문장을 이해하는데도 어려움이 있다. 이제 시대에 맞게 한자와 한글을 병용하되 누구도 이해할 수 있는 한글서예가 대중속으로 파고들었으면 좋겠다. 한글이 세계적으로 그 우수성을 인정받고 있는 마당에 서예가 함께 발전해 나가는 것은 당연한 일이다. 한글은 궁체가 대표적이지만 민체, 판본체, 캘리그라피 등이 다양하게 개발되어 발전해가고 있으니 다행이다. 붓을 이용하여 한글서예가 깊이있고 재미있는 생활예술로 승화해 나간다면 세인들의 관심도 높아질 것이다.

지난해 초부터 번져온 역병이 3년째 계속되고 있다. 정상적인 일상 생활이 어려워지면서 저마다 쌓이는 스트레스는 우울증, 분노로 이어지고 있다. 마땅히 갈 곳도 없어 손발이 묶이고 마음에는 통증이 일었다. 이때를 위해 준비해 두었을까? 학원에 나가 붓글씨를 쓰며 나만의 즐거운 여가를 보낼 수 있으니 얼마나 반가운 친구인가?

깊어가는 가을, 창가에 스며드는 햇살이 따사롭다. 두둥실 떠가는 솜털구름은 그렇게 기다리던 가을하늘이 아니던가? 나는 찻잔을 들고 묵향에 젖어 분에 넘치는 호사를 누리고 있다.

# 내 나이 일흔

아침이면 습관처럼 산에 오른다. 가까운 곳에 산이 있다는 것은 즐거움이요 일상의 행복이다. 조용히 자신을 돌아보기도 하고 자연의 소리를 들을 수 있으니 좋다. 능선을 오르다 보면 숨어있던 산까치가 아침인사를 하고, 뻐꾸기가 낭랑한 소리로 아름다운 음악을 들려준다. 나무가 꽃을 피우고 한여름의 푸르름을 자랑하듯…, 나는 못다이룬 꿈을 찾아 나서야 한다.

내 나이 일흔, 그동안 먼 길을 달려왔다. 어언 할아버지 아버지의 자리를 이어받게 되었으니 굳이 내세우고 싶지 않은 연륜을 인정해야 한다. 아들이 아들을 낳고 나도 어느덧 할아버지가 되어 그 어른들이 걸었던 순례길을 질주하고 있다. 어쩌다 어른이 되었고 준비도 없이 걸어왔던 젊은 날은 애환과 상처를 남긴 채 멀어져가고 있다. 언제 내려야 할 지 모를 인생열차에서 후회 없는 여정이 되기 위해 최선을 다하리라.

살면서 어찌 좋을 일만 있었을까? 돌아보면 힘들고 어려웠지만 그때가 아름다웠고, 험난했지만 아련한 기쁨이었다. 시도 때도 없이 일어나는 사고와 질병, 거친파도 가운데에도 여기까지 무사히 지내온 것은 기적이었고 하나님의 축복이었다. 어릴적 보리밥과 푸성귀를 먹으며 내성이 강해졌고, 자가용이나 자전거는 없어도 숨 가쁘게 뛰어다니다보니 나도 모르게 강인해졌다.

의료기술의 발달로 기대수명은 늘어났지만 고혈압, 당뇨, 암 등 불치병 환자는 계속 늘어가고 있다. 건강하다고 생각지 않은 시민 비율이 OECD 최하위 수준이다. 어떻게 하면 건강하고 즐겁게 보낼 수 있을까, 노후를 어떻게 살아야 할까, 늘 자신에게 하는 질문이다. '피할 수 없으면 즐기라' 했듯이  마음이 녹슬지 않도록 다듬어 갈 수 있다면 노후는 풍요로워질 것이다. 다가오게 될 시험과 장애요인을 예상하고 준비하며 살 일이다.

이제 고희를 맞으며 두근거리는 심정으로 작은 다짐을 하려 한다.

첫째, 신앙 안에서 참다운 기쁨을 찾는 일이다. 우리는 나이가 들어도 내면은 춥고 허약하여 따뜻한 위로받기를 원한다. 지금까지 삶의 길에 위로가 되고 안내자가 되어주셨던 하나님께서 앞으로도 안전한 길로 인도하시리라는 확신이 있기 때문이다.

둘째, 영육이 건강해야 한다. '마음의 즐거움은 양약이지만 마음의 근심은 뼈를 마르게 한다.(잠언 17장 22절)' 했다. 늘 긍정적인 생각으로 매사를 감사하며 살기로 한다. 또 먹는 것을 잘 조절하여 가능한 한 육식을 피하며 알카리성 식품으로 체질을 변화시키는 일이다. 동맥경화, 뇌경색의 원인이 주로 식생활에서 오기 때문이다. 매일 아침 걷기와 등산 등 운동을 즐겨야 한다. 여럿이 할 수 있는 베드민턴과 탁구 모임에도 가입해보자.

셋째, 혼자서도 즐기는 취미습관을 길러야 한다. 노년을 맞아 밀려오는 고독과 외로움은 어느 누구도 대신해 줄 수 없다. 그동안 틈틈이 익혀온 서예, 수필쓰기를 하며 혼자서도 네 시간 이상을 즐겁게 보낼 수 있어야 한다. 절차탁마의 심정으로 취미활동에 정진하며 무엇인가를 더 얻고 싶다면 시간과 댓가를 지불해야 한다.

넷째, 봉사하는 삶이다. 10년 전부터 'UN난민기구' 에 정기후원자로 동참하고 있으며, 지금까지 받은 축복을 되돌려 주려한다. 교회나 나의 주변에서 일주일에 한나절 정도는 나의 에너지를 이웃들에게 돌려줄 것이다.

나이가 들며 자신에게 더 엄격해져야 한다. 귀찮아도 많이 걷고 게으르지 않아야 한다. 한여름 무성한 나뭇잎이 더위를 식혀주고 가을엔 아름다운 단풍으로 물들어 낙엽이 되듯 아쉬운 노후를 치열하게 꾸려가고 싶다. 이렇게 나이들고 싶어하는 나의 약속이 중단되지 않기를 소망해본다. (2019. 7. 10.)

# 나그네의 길

이사移徙를 하느라 한동안 몸살을 앓았다. 자주 오를 수 있는 전주 학산이 있고 마음을 나눌 수 있는 주변의 친구들이 있었으니 이 정도면 됐다 싶었는데, 며느리의 복직을 앞두고 세 아이가 눈에 밟혔다. 고향에서 조금씩 멀어지다 보니 못내 아쉽고 마음은 아리지만 더 중요한 일을 따라 우리의 둥지를 옮기기로 한 것이다.

나이가 들수록 이사다니기가 부담스러워진다. 고향에서 오래 살기를 원하지만 마음대로 되지 않는다. 성경에 아브라함은 하나님의 말씀에 순종하는 진실한 사람이었다. 75세가 되어 정처없이 고향을 떠났지만 나는 목적지가 있으니 그나마 다행이었다. 생각해보니 신접살림을 시작한 이후 십여 번 이사를 다녔다. 신혼 초에는 경제적 형편

때문에 그랬고, 가족이 늘어나면서는 조금씩 집을 넓혀 가느라 그랬다. 우리의 욕심은 늘 현실에 만족하지 못하고 허둥대며 이삿짐을 쌌다.

사십대 초반에 처음 마련한 아파트는 뒷산 기린봉이 있고 시내가 가까운 곳이었다. 내가 주택조합을 결성하여 3년여 동안 정성들여 지은 건물이니 애착이 많았다. 그것도 과분해서일까. 5년을 살다가 아버지가 돌아가시면서 우리는 홀로 계시는 호성동 어머니집으로 이사를 하여 어머니와 20여년을 함께 살았다. 봄이면 개구리, 여름이면 매미소리로 잠 못 이루던 마을, 비록 교통은 불편하지만 아들과 딸이 여기서 학교를 다니고 결혼까지 했으니 정이 많이 들었던 곳이다.

어머니가 돌아가시고 갑자기 집을 팔게 되었다. 교통도 불편하지만 저지대라서 비가 많이오면 자주 침수되는 곳이니 기회가 되면 옮기려니 했었다. 마침 임자가 나타나 매매가 이루어진 것이다. 그래서 찾아간 곳이 평화동이었다. 교통이 편리하고 여가생활하기에 딱 좋았다. 자연경관이 잘 어우러진 산이 있고, 위치도 고향 가는 길목에 있었다. 시간이 날 때마다 학산鶴山을 오르내리며 마음의 휴식을 찾았고 수시로 고향 친구들을 만날 수 있었으니 그만한 곳이 없다고 생각했다. 부부가 함께 산을 오르며 대화를 나누었고, 가까운 곳에 텃밭을 가꾸는 일은 그 무엇과도 바꿀 수 없는 잔잔한 기쁨이었다.

아들이 사는 곳은 '세종시'다. 요즘 젊은이들과는 달리 세 자녀를 두었으니 아이들을 기르느라 온 정성을 쏟으며 산다. 기를 때는 힘들어도 자손이 번성하는 일이니 이보다 큰 축복이 어디 있으랴. 사랑스럽고 날로 변해가는 녀석들을 보고 있으면 새 힘이 솟았다. 그동안 마음을 조였던 것은 어려운 관문을 뚫고 합격하여 다니던 직장을 7년째 휴직중에 있었기 때문이다.

우리 부부는 복직을 앞두고 갈등하는 며느리를 돕기로 했다. 말 못하며 겪는 고민을 조금이라도 덜어주고자 아들 사는 곳으로 거처를 옮긴 것이다. 전주 평화동에 살면서 학산에 정이 들었고 등산에 맛을 붙이던 중이었으니 아쉬움을 어찌 말하랴, 하지만 우리의 손길이 필요하다는데 지체할 이유가 없었다. 손자들이 자라나는 모습을 보면 그 무엇도 바꿀 수 없는 행복이요 잔잔한 기쁨으로 다가왔다.

'옷은 새 옷이 좋고 사람은 옛사람이 좋다'는데 친구, 동호인들과의 관계가 제일 아쉬웠다. 수필공부는 당분간 전주로 다니기로 했다. '글을 잘 쓰기 위해서는 모든 사물을 낯설게 보라'했으니 고정관념을 버리고 새로운 환경에서 잘 적응해나가리라.

우리가 바라는 파랑새는 어디에 있을까? 누구도 선물처럼 가져다줄 자는 없을 것이다. 다만 가족과 함께하며 사람과 사람사이의 끈끈한 인연을 맺고 생활을 하다보면 행복은 자연스럽게 찾아들 것이다. 또 다른 나그네 여정을 시작해보자. 유치원에서 돌아오는 손자, 손녀가 '할아버지!' 하며 기쁨을 안겨준다. (2020. 7. 14.)

# 아내의 자리

한가정의 분위기는 주부가 좌우한다. 집에 아내가 있으면 평온하고 사람 냄새가 난다. 의 · 식 · 주 대부분이 주부들의 역할에 의해 이루어지고 있기 때문이다. 음식을 먹으며 삶을 이야기하고 가족들이 필요한 것을 챙기는 일은 주부의 일이요 아내의 일이다.

멀쩡하던 사람이 하루아침에 환자가 되었다. 지난 8월말 화분을 옮기려던 아내가 허리를 삐끗하더니 그 다음날부터 허리에 통증을 호소했다. 우리 몸 어느 곳 하나 중요치 않은 곳이 있으랴만 허리에 비할 바가 아니었다. 정형외과, 한의원을 찾아다니며 물리치료를 받아보았지만 상태는 갈수록 심해지고 악화되어갔다. 조금만 움직여도 통증은

*마이가리: 품삯이나 급여를 당겨서 받는다는 일본어〈마에가리〉에서 나온말

더해가고 있었으니 답답할 수밖에 없었다.

급기야 4일 만에 N병원을 찾아갔다. MRI를 찍어보니 오래전부터 골다공증이 진행되고 있었다. 척추 3번 뼈가 반쯤 내려앉고 있었으니 대부분 노후의 여성들에게 나타나는 증상이란다. 2년마다 하는 건강검진에서 늘 이상신호를 알려주었지만 이를 등한시한 탓이다. 골다공증 주사도 맞고 칼슘제도 먹어야 한다는데 가족을 위해서는 정성을 다하면서도 정작 자신에게는 소홀히 했으니 이를 어쩌랴, 그간 관심을 갖지 못한 나의 책임이 더 크다. “수술을 해야 할 상황이니 큰 병원으로 가보라” 한다.

살다가 이런 일도 있구나…, 교통사고도 아니고 건강하던 사람이 갑자기 몸을 움직 일 수 없다니 노년에 이 무슨 불청객인가. TV나 방송을 통해 사건사고를 늘 보면서도 이런 우환이 우리에게 찾아오리라곤 미처 예상하지 못했다. 세상사 모든 일이 남의 일이 아니요 나에게도 닥치고 있었다. 다시 C종합병원 척추센터를 찾았더니 ‘골다공증 약과 주사를 병행하라. 최대한 움직이지 말고 요양을 취하라’ 진단을 내리며 처방전을 내주었다.

똑같은 증상을 놓고도 의사들의 처방은 달랐다. N병원은 당장 수술을 해야 한다고 하고, C병원은 기본적인 발병 원인부터 치료를 해야 한다며 수술은 유보했다. 부담스런 수술은 하지 않아도 된다니 마음은 가벼워졌다. 당장 주사를 놓고 약을 챙기는 일은 나의 몫이었다. 의사 처방에 따라 조심스럽게 집에서 가료를 진행하고 있다. 20여일 지나니 그렇게 힘들어하던 식사도, 화상실 일도 스스로 해결해갔다.

3주후 병원에 가서 확인해보니 몰라보게 좋아지고 있단다. 뼈가 원상태로 조금씩 복원되고 있었으니 2개월쯤 지나면 일상생활이 가능하리라 한다.

옛 말에 '아홉수를 조심하라' 했다. 아내의 나이 올해 만 69세가 되고 있으니 이에 해당되는 말이다. 그간 건강하다고 자부하며 살던 사람이 가시처럼 고비를 맞고 있으니 어른들이 하던 말을 허투로 넘길 일이 아니었다. 형제들이 많은 집안에서 손에 물마를 날이 없던 아내는 그동안 부모봉양을 하며, 자녀들은 물론 시동생들까지 돌보아야 했으니 무거운 짐이었을 것이다. 늘 가시방석처럼 어려운 자리에 앉아 있었으니 자신을 위한 투자는 엄두도 낼 수 없었다.

김형석 교수는 「백 살을 살아보니」저서에서 60~75세를 인생의 황금기라 한다. 자녀들도 모두 결혼해 나가고 오직 부부만이 단란한 시간을 가질 수 있으니 큰 부담없는 시기라는 뜻이다. 이제야 자신이 보이고 어떻게 살아야 할지도 생각해보는 나이다. 75세까지는 성장이 가능하다고 하니 노력하며 지내려 하던 참이었다. 비교적 낙천적인 아내였는데, 우울증과 불면증이 겹치고 있으니 정녕 심한 충격을 받은 것이다.

요즘 뜨고 있는 트로트가수 임영웅이 부른 「별빛 같은 내 사람아」노래가 내 마음을 후빈다. 대중가요는 우리의 삶이요 한편의 시詩라서 우리에게 기쁨과 눈물을 주기도 한다.

"당신이 얼마나 내게 소중한 사람인지 / 세월이 흐르고 보니 이제 알 것 같아요”

가사를 가끔 흥얼거리기도 하지만 마음은 왠지 쓰리다. 고희古稀를 맞아 외국여행이라도 떠나자고 마음먹고 있었는데 이처럼 사달이 나고 말았으니 괜히 공수표만 날리는 꼴이 되었다. 속히 쾌유하기를 바라며 약속의 날이 오기를 기다려본다.

나의 주부생활 사십 여일, 남자는 부엌을 얼씬거리지도 못하게 했던 어머니를 생각하니 미안한 마음도 있지만 당시 가부장제 집안의 어려움은 감수할 수밖에 없었다. 어쩔 수 없이 닥친 주부자리에 서고 보니 왠지 낯설고 어색하지만 조금씩 요리솜씨도 늘어간다는 아내의 칭찬이다. 모처럼 주어진 기회이니 미역국 하나라도 정성들여 끓이며 홀로서기를 준비하는 중이다.

부부는 숨길 것도 가릴 것도 없는 친구요 버팀목이다. 나이 들면 나타나는 건강문제는 서로 챙겨주고 보호가가 되어야 한다. 갑자기 닥친 ‘아내의 자리’ 가 이처럼 바쁘고 소중함을 절감하며 속히 일상으로 돌아오기를 기원한다. (2021. 12. 1)

# 군바리

남자들이 만나면 으레 군대이야기로 꽃을 피운다. 일정한 나이가 되면 군대를 가고 남북이 대치되어 있는 상황에서 한시도 긴장을 놓을 수가 없는 일이다. 누가 알거나 모르거나 군대에서 겪은 무용담武勇談을 털어 놓으면 귀가 쫑긋해진다. '그래, 고생 했어' '잘했어' 서로 맞장구를 쳐주며 가슴 조이던 지난날의 이야기는 그들의 자랑거리중 하나다.

나는 1970년 12월, 조치원 51사단에 입대했다. 짧은 군 생활이었지만 나에겐 잊을 수 없는 경험이었고 좋은 친구들을 사귀는 기회였다. 금강변 영하 21도의 추위 속에서도 언덕배기에서 알철모, 팬티차림으로 '엎드려 쏴' 사격훈련의 기억은 잊을 수 없다. 직각보행, 3보이상

구보, 전우조(3명)단체행동은 의무요, 잘나고 못나고를 가릴 것 없이 평등한 존재로 지내기 마련이었다. 학력이나 빈부, 직업의 귀천에 관계없이 선후배간 규율은 엄격한 조직이다.

성경에 요셉이 형들에 의해 먼 나라로 팔려가듯 병참학교를 거쳐 전방 103보충대로 먼 길을 떠날 때는 암담하기만 했다. 인제, 원통이 쓰여진 표지판 앞에서 특명을 기다리는 심정은 초조하기만 했다. 친구(이종선)와 나는 수없이 인사처 앞을 기웃거리며 실오라기라도 잡고 싶은 심정으로 들어가 볼까 말까를 반복했다. 다행히 춘천 중심가에 있는 '18병참부대'로 배치되었으니 운運은 억수로 좋은 놈이었다.

병참, 주변부대에 필요한 물자를 지원하는 부대다. 우리는 2종을 지원하는 곳으로 피복, 신발, 수공구 등 군 생활에 필요한 물품을 지원했다. 당시 부대장은 '잘 먹이자, 잘 입히자, 잘 재우자' 로 정하고 수시로 급식소를 방문하고 원칙대로 급식은 이루어지고 있는지, 입히고 재우는 일은 잘 하고 있는지 확인하곤 했다. 군인이 되어 의식주에 걱정할 필요가 없는 부대에 근무하고 있다는 것만으로도 자랑이었다. 그래서 제대이후 적당히 취업할 곳이 없는 사병들은 장기근무(말뚝)를 지망하는 일이 종종 있었다.

어느 날 교회를 가기 위해 시내 외출을 나가는데 길거리에서 헌병들이 우리를 잡았다. '병장'계급을 달고 거만하게 검문을 하는게 아닌가. '저 얄미운 놈들' 보아하니 엊그제까지 같은 부대에서 훈련을 받고 헤어졌던 동기들이 아니던가, 마이가리* 계급장을 달고 길거리 군인들을 단속하고 있었나. 서로 알만한 녀석들이었으니 빙그레 웃으며 '니희들 지금 어디 있느냐' 애환을 이야기하며 서로 부둥켜안고 반가워했다.

마음이 편안해질 무렵 집으로 편지를 드렸다. 입대하면서 어머니를 뵙지도 못하고 왔으니 말이다.

'어머니 저는 좋은 곳에서 편하게 근무하고 있으니 염려하지 마세요.'

가정을 돌보려 봄이면 대구로 행상을 나가 12월에야 돌아오시던 어머니는 아들이 군대 간 사실을 까맣게 모르고 있었다. 전화사정도 여의치 않던 시절, 한참이 지난 뒤 집에 돌아와서야 그 사실을 알고 3일간을 누워계셨단다. 불과 2년전 김신조등 무장간첩이 청와대를 습격하던 때였으니 부모들은 긴장할 수밖에 없던 시기였다.

그 즈음 월남전(1964. 7. 18~1973. 3. 23)도 계속되고 있었다. 맹호, 백마, 청룡, 십자성부대 등 32만여명이 참전하여 젊음의 피를 흘리던 시기였다. 처음엔 피해자가 속출하여 파병을 꺼리기도 했지만 갈수록 괜찮다는 소문이 퍼지면서 서로 가겠다고 희망자가 늘어나 돈을 들이고도 갈려고 기氣를 썼다. 그도 그럴 것이 돈이 귀하던 1970년대 초, 매달 백여만원씩 월급이 지급되었으며 휴가나 제대를 할 때면 TV나 전자제품을 가지고 올수 있었으니 주변사람들에게 눈독을 들이던 일이었다.

또 한가지는 스모르작업복이었다. 미군들만 입을 수 있었던 옷을 월남전 참전용사들이 입고 나오면 멋지게 보였다. 깔끔하게 다린 주름진 옷을 입고 바지가랭이에 링을 넣어 입고 다니면 짤랑짤랑 소리도 나며 옷도 쫙 펴지니 그렇게 멋있을 수가 없었다. 나도 제대하면서 최상품 스모르작업복을 구하여 입고나왔다. 검정색으로 염색을 하여 입으면 양복같기도 하고 입기도 편하기에 취업하기 전까지 3년간 그 옷만 입고 다녔다. 항상 긴장하며 그동안 익힌 군인정신을 잊지 않기 위함이었다.

병역의무를 다하는 젊은이들은 그 무엇보다 자랑이다. 젊은 시절 학벌, 빈부, 고향을 떠나 졸병과 고참을 다 경험해볼 수 있는 유일한 기회이니 남자라면 누구나 한번쯤 겪어봄직한 소중한 기간이다. 비록 1년여만에 의가사로 제대를 하여 돌아왔지만 짧은 기간이나마 국가안위國家安衛를 위해 머물렀던 군바리 자부심을 잊을 수가 없다. (2021. 6. 29)

# 동행

먼 길에 동행이 있다는 건 행복한 일이다. 힘들고 어려운 일이 있을 때 함께 해줄 수 있는 친구는 든든한 버팀목이다. 알고 지내는 사람은 많아도 마음을 터놓고 허물없이 속내를 들어내기란 쉽지 않은 일이다. 그래서 진정한 친구 세 명만 있어도 성공한 사람이라 하지 않던가. 요즘처럼 역병「코로나19」가 장기화되고 경제 불황이 계속되는 상황에서는 누구나 외로울 수 있기 때문이다.

우리 부부는 아침저녁으로 운동을 한다. 아내가 취미를 붙여 운동을 한다는데 적극 도와주어야 한다. 아침이면 등산을 하고, 저녁으론 산보를 나간다. 산책을 할 때면 어떤 사람은 맨발차림으로 걷기도 하고, 어떤 이는 마라톤을 한다. 운동을 하는 것은 육신의 근육을 키우는 일이요, 책을 보거나 글을 쓰는 일은 정신적 근육을 기르는 일이니 육체적 정신적 건강을 위하여 쉼 없는 노력을 통하여 몸과 마음이 건강을 유지할 수 있다.

등산은 자신과 가까워지는 시간이다. 조용한 시간을 틈타 글감을 구상하기도 하고 높은 산에 오르면 대 자연속에서 자신과 대화를 하며 글을 써 보기도 한다. 현장에서 쓰는 글은 자연스럽고 생동감이 넘쳐 친근감을 준다. 집에 있으면 TV를 보거나 전화하기에 바빠 많은 시간을 헛되이 보내기 일수이므로 하찮은 일에 빠져 정작 중요한 일은 뒷전으로 밀려나기 마련이었다.

7월 하순 중복中伏이 지나니 낮에는 찜통더위, 밤에는 열대야가 계속된다. 그럼에도 아침 산에 오르면 제법 신선한 바람으로 정신이 맑아지고 나도몰래 새 꽃들과 친구가 된다. 청포도가 익어가는 계절, 비록 폭염은 계속되지만 과일과 곡식은 알알이 영글어 가는 고마운 때이니 감사를 드려야 한다. 저만치 뒤에서 "아이구 힘들어, 후유" 숨을 헐떡이며 아내가 올라온다.

"같이 가요, 뭐가 그리 바빠서 혼자만 가는 겨"

"응, 미안해, 사실 나도 힘들었어."

아내의 손을 꼭 잡아주며 수고했다고 격려를 보낸다. 오르막길이 누군들 힘들지 않으랴.

산길에 들어서면 찔레꽃, 달맞이꽃, 패랭이꽃등 이름을 불러주며 정겨운 친구가 된다. 잡초로만 여기던 개망초도 집단으로 꽃을 피워 하얀 설원을 만들어낸다. "밉게 보면 잡초 아닌 풀이 없고, 곱게 보면

꽃 아닌 사람이 없다"던 다산茶山선생의 글이 떠오른다. 사물의 긍정적인 면을 먼저 보며 장점을 보는 습관을 길러야 한다. 목적지 금강錦江에 이르면 마음이 평화로워진다. 흐르는 물을 보면 욕심이 없어지고 낮은 곳을 찾아 바다를 향한다. 물은 더러운 곳을 씻어주기도 하고 낮은 곳을 찾아가는 겸손과 지혜의 스승이다.

아침햇살에 반짝이는 윤슬이 아름답다. 물고기는 뛰고 기회를 노리며 하늘을 나는 백로를 보면 연비어약鳶飛魚躍의 순간이다. 물고, 물리는 동물의 세계가 마음을 숙연하게 한다.

저편 도로에는 많은 자동차들이 질주한다. 직장과 산업현장에서 일하는 오늘의 주역들이다. 34년을 하루같이 지내던 나의 자화상을 보는듯 지난날이 스친다. 새마을사업이 한창이던 직장 초년병시절, 별 보고 출근하며 별 보고 퇴근하는 일이 다반사였다. 새벽에 나가 밤늦게 퇴근하며 산업화의 길목에서 정신없이 살던 때였으니 일이 없으면 불안하기도 했다. 가족들과 즐겁고 단란한 시간을 갖는 일은 오히려 사치라 여기던 때였다.

"이제 어떻게 살아야 할까?"

늘 자신에게 묻는 질문이지만 아직도 정답은 찾지 못한다. 천이면 천, 만이면 만, 많은 사람들의 생각이 다르고 살아온 환경이 다르기에 정답도 다르기 마련일 것이다. 그럼에도 지나고 보니 이 부족한 사람에게도 하늘의 도우심이 컸음을 인정하며 하나님께 감사를 드린다. 앞으로도 의의 길로 인도해주시리라 믿는다.

나의 진정한 동반자는 누구일까. 허점 많은 나를 지금까지 응원해

주며 서로 웃고 울었던 아내가 제일이었다. 산을 오르며 힘들고 지칠 때 묵묵하게 기다려주고 함께했던 당신, 모진 바람에도 유일한 버팀목은 아내였다. 이제 내리막길을 걸으며 조심조심 내려가리라. 있는 힘을 다해 끝까지 같이 갈 것이다.(2021. 7. 20)

# 작은 꿈

나이들면서 자신의 문집 한 권 내는 것이 소망이다. 학위논문이나 학술논문도 자기발전을 위하여 의미있는 일이지만, 자신의 삶과 철학이 담긴 책을 내는 일은 더없이 의미있는 일이다. 수필은 자기를 고백하는 글이기에 자신이 어떻게 살아왔고 어떻게 살아야 할지도 가늠해 볼 수 있는 일이다.

그동안 나는 앞가림하느라 글을 쓸 수 있는 마음의 여유도, 수필세계를 기웃거리지도 못했다. 벌써 십여 년 전의 일이다. 평생다니던 직장을 퇴직하며 '나도 이제 반환점을 돌아오고 있구나!' 생각하니 정신이 번쩍 들었다. 그리 오랜 삶을 산 것도 아닌데 벌써 은퇴라니, 누구나 공평하게 주어지는 여정인데도 마치 세월을 도둑맞은 기분이 들어

허망하다는 생각을 지울 수가 없었다.

차라리 아무것도 의식하지 않고 사는 것이 편할지도 모른다. 하루하루가 즐겁고 행복하게 사는 사람도, 힘들고 어렵게 사는 사람도 미처 세월을 의식하지 못하며 살기는 마찬가지다. 직장생활을 하던 같은 동료들끼리도 앞서거니 뒤서거니 보이지 않은 경쟁이요 치열한 싸움이었다. 서로가 친구이자 경쟁자였다. 이 모두 도토리 키재기나 다름없는 일인데도, 생각해보니 생사를 겨루듯 울고 웃으며 지내왔다.

은퇴한 뒤 나는 서예를 시작하고 수필을 배우며 지낸다. 먹을 갈고 붓을 잡으면 마음이 편안해지고 여유가 생겼다. 수필을 배우며 문집 하나 내고 싶다는 생각도 하게 되었다. 이제 늦으나마 고희를 맞아 '나이 드는 즐거움'이란 이름으로 첫 수필집을 선보이게 되었다. 벌거벗은 나의 알몸을 보여주듯 부끄럽고 머리를 들 수 없었지만 어찌할 수도 숨길 수도 없는 나의 흔적이었다. 책을 배송하고 나서 '공감합니다. 나도 그렇게 살았습니다.' 격려한마디가 새 힘을 주었다.

아들 · 딸이 생일에 맞추어 출판기념회를 준비해 주었다. 정치인도 아닌데 무슨 출판기념회(?), 책을 전하며 부담은 주지 않을까 내심 조심스러웠지만 그래도 자녀들의 생각에 따르기로 했다. 어설픈 글이지만 아이들이 먼저 아빠를 이해해주는 계기가 되었고 사랑스런 팬이 되어주었다. "아빠, 출판기념회 하세요. 우리가 해 드릴께요." 아들이 먼저 앞장서 주었다.

오는 분들의 부담을 줄이기 위하여 축의금은 사양하기로 했다. 초청도 100명 선으로 최소화하여 정중히 연락을 드렸다. 가족은 물론 대부분 친지, 고향과 직장 친구들, 글쓰기를 같이 했던 문우님들과 교회 성도들이었다. 다행히 초청자들은 거의 참석하여 행사장은 성황을 이루었다. 거절하지 않고 참석해주신 분들이 고마웠고, 기쁨을 함께 나눌 수 있어서 행복했다.

사위가 사회를 보고, 아들은 아빠를 소개하기 위하여 묵은 사진첩을 찾아 멋진 동영상도 만들었다. 양희은의 '참 네가 좋다' 바탕음악을 넣어 나의 살아온 여정을 소개해준 것이다. 부모의 마음을 이해해준 자녀들이 고마웠고, 이 자리가 있기까지 길을 인도하신 하나님께도 감사를 드렸다. '새벽잠을 설치며 틈틈이 쓴 수필집을 내는 아빠가 자랑스럽다.'는 아들의 칭찬이 싫지 않았다.

책 표지를 장식해 준 큰손자 시원이의 꽃다발은 큰 감동이었다. 외손자 민우와 진우는 축하음악으로 멋진 피아노를 연주해 주었고, 처남댁은 시낭송을 하여 품격있는 분위기로 만들어주었다. 많은 분들께서 축하와 격려의 말씀이 이어졌다. 생각지도 않은 분들이 화분을 보내주고, 원근을 가리지 않고 참석해주신 분들, 고향친구들과 과거 직장동료들, 신아문예대학 문우님들께 감사를 드렸다.

칠순, 이제 거부할 수 없는 노년의 문턱을 밟으며 작은 꿈을 하나 이룬 셈이다. 잊혀져 가는 나의 생각과 거칠게 지나왔던 삶을 정리할 수 있었으니 더없이 행복했다. 누구도 대신해 줄 수 없는 나의여정에 앞으로도 용기를 내어 창랑滄浪의 노를 또 저어갈 것이다. (2019. 7. 20)

## 격려의 글

보낸사람: 김길남 〈kkn2566@hanmail.net〉
받는사람: 이우철 〈luc1562@hanmail.net〉

이우철 선생님!

보내주신 수필집 《나이드는 즐거움》을 아주 재미있게 읽었습니다.

수필의 행사에서 먼 빛으로 보고 인상이 좋은 분으로는 알고 있었지만 가까이 대한적이 없었습니다.

이번 청와대에 같이 가면서 대면했습니다. 따뜻한 정을 느낄 수 있는 분이었습니다.

수필집을 읽어보니 내가 느낀 인상이 거짓이 아니었습니다. 경력이 그렇게 많은 분도 아닌데 수필은 대가가 쓴 것처럼 훌륭했습니다. 선생님의 수필에는 지금까지 살아온 흔적이 그대로 남아 있었습니다. 어려운 가정에서 어렵게 공부하고 공직에 들어가 열심히 봉직하여 대성하시는 모습이 아름다웠습니다. 부모에게 효도하고 특히 할머니를 존경하는 글이 많아 눈시울이 뜨거워 졌습니다.

우리 사회의 모순을 들어내는 글들은 온 국민이 같이 보고 반성해야 할 교훈을 주었습니다.

앞으로 더 나은 글을 써서 대 문호가 되시길 바랍니다. 손자가 자라는 모습을 보며 나이드는 즐거움 계속 누리시기 바랍니다.

안골수필문학회 김길남 드림

# 이빨이 없으면

우리 몸 어느것하나 중요치 않은곳이 없다. 손톱사이에 가시하나만 박혀도 고통을 느끼며 참기 어렵다. 기계도 오래쓰면 고쳐야 하듯, 우리 몸도 나이가 들면 치아가 부실해지고 눈도, 귀도, 무릎도, 삐걱대기 마련이다. 자주 병원을 찾아 하나씩 손질해 가며 조심조심 살아갈 일이다.

며칠전에 임플란트 하나를 해넣었다. 몇년 전 해넣었던 치아가 밤낮으로 아리고 괴롭혀 새롭게 손질한 것이다. 무려 4개월만에 완성했으니 그간 음식물을 씹고 먹는 애로는 이만저만이 아니었다. 작업하기도 옹색한 안쪽 윗 어금니라서 의사도 나도 고통이었다. 잇몸에 인공뼈를 지어붓고 새로운 지주를 세워 임플란트를 끼워 넣는 과정은 복잡했다. 그래도 꼼꼼히 해주려는 의사의 섬세함이 고마웠다.

생각해 보니 나는 무책임한 사람이었다. 어릴적 산골에 살았을 때였다. 가게도 없는 첩첩산중이니 무엇하나 군것질꺼리도 없고, 사먹을 곳도 없었다. 집에서 자유스럽게 먹을 수 있는 것은 오직 쌀이었다. 광을 드나들며 쌀을 주머니에 가득넣고 다니며 먹었다. 맛도 고소하고 허기를 채울수도 있어 나에겐 매력만점이었다. 특히 초가을이면 아버지가 만들어주시는 올겨쌀은 더없이 좋은 군것질감이었다.

그러는동안 어금니는 점점 썩어가고 있었다. 쌀이 이를 상하게 하는 원인이었다. 대부분 시골가정이 그렇듯 우리 집에도 칫솔이 없었다. 굵은 소금을 빻아 가끔씩 닦는 것이 전부였다. 부모님들은 늘 채근하시지만 짜디짠 소금으로 이를 닦는 일은 어설프고 하기싫어 제대로 하지 못한 것이다. 자주 양치질 하는 사람들을 보면 '극성스런 사람'이라며 비웃기도 했다.

초등학교 6학년 어느날, 결국 어금니가 아려왔다. 학교를 갈 수 없을 정도로 통증이 심했다. 할 수 없이 어머니와 동네치과(무면허)에 갔더니 앉으라며 씨름판 장사가 상대선수를 불끈 들어 올리듯 이를 불쑥 뽑아낸 것이다. 아니 이렇게 무심할 수가 있을까? 지금처럼 신경치료를 조금만 하면 살릴 수 있을 성성한 이를 빼버리고 나니 몸은 으슬으슬 추워지고 몸살기운이 들어 3일간 누워있어야 했다. 몇년 지나니 옆에 있던 이도 계속 밀려났고 윗니는 맞물림이 없으니 또 썩어갔다.

이렇듯 어금니 3개가 빠져나갔다. 30대 중반에 직장 다니며 치아 9개를 손실하게 되었다. 다행히 좋은 의사를 만나 견고히 해주었으니 오래오래 사용할 수 있었다. 그것도 오래되어 다시 임플란트를 한 것이다. 어렵사리 내 치아를 찾은 것 같아 마음은 편안해졌다. 새로 해 넣은 치아는 아무리 잘해도 불편하고 고장이 잦아 자연이 준 치아와는 비교할 수 없었다. 자주 치과를 드나들며 손질해 주어야 오래오래 쓸 수 있다.

우리 조상들은 치아를 오복중 으뜸으로 꼽았다. '민간에서 말하는 오복五福'은 치아가 좋을것, 자손이 많을것, 부부가 해로할것, 손님을 대접할수 있을것, 명당에 묻히는것 등이다. 오늘날 명당까지야 고집할 일은 아니지만 치아가 중요함에는 이의가 없을것이다. 치아와 잇몸이 튼튼하면 삶의 질이 높아진다고 한다. 씹지 못하고 영양에 균형을 잃으면 뇌에 피와 산소 공급이 어려워 뇌기능에도 문제가 생긴다.

'먹기위해 사느냐, 살기위해 먹느냐'는 늘 논란거리다. 먹는 일이 그처럼 중요하다는 뜻이다. '이가 없으면 잇몸으로 산다'고 하지만 형편이 그럴 경우 어쩔 수 없는 일이다. 산해진미가 있어도 치아가 부실하면 먹는 즐거움은 느끼지 못한다. 그래서 부모들에게 치아를 해드리는 것이 효도중 으뜸이라 하지 않던가?

젊을 적 몸 관리를 제대로 하지 못하면 나이 들어 값비싼 댓가를 치뤄야 한다. 치아가 영양섭취에 더없이 중요한 기관임은 말할나위가 없다. 솔개가 노쇠해지면 높은산 바위주변에 둥지를 틀고 부리, 발톱, 깃털을 뽑으며 새롭게 변신한다는 우화를 잘 알고 있다. 이제 치아를 보수하여 당당한 노후를 시작해보리라. (2020. 3. 25.)

제3부

# 고향의 밤

달빛은 유난히 밝았다. 달이 구름속에 달이 숨기도 하고 또 방긋이 얼굴을 내밀며 숨바꼭질을 하는 시간이었다. 눈이 시리도록 반짝이는 별빛 지난날의 아련한 추억속으로 나를 손짓 한다. 호박넝쿨이 담장을 덮고 풋고추가 주렁주렁 달빛에 반짝인다.

花陰流影散為半院舞衣
水響飛音聽來一溪歌板

꽃그늘은 흐르는 그림자처럼 흩어져 정원 한쪽에서 춤추는 무희의
옷이 되어 너울너울 물소리는 날아드는 음악처럼 들려와 시냇물이 박자
를 맞추네 이천이십년 여름에 육소형의 취고당검소구 우병 이우철

# 수필을 배우며

난 매주 수요일이면 수필공부를 위해 전주를 향한다. 놀던 방죽이 좋아서일까. 같이 활동했던 수필동호인들이 많아서다. 교통편은 편안하고 안전한 열차를 이용하여 공주와 익산을 지나면 전주에 이른다. 익산은 내가 2년간 직장생활을 했던 곳이지만 드넓은 평야로 이어진다. 전주에서 군산으로 펼쳐지는 지평선 들녁은 벼가 누렇게 익어가는 먹거리의 보고가 아닌가 싶다.

열차를 타면 창가에 앉아 계절에 따라 변해가는 산과 들을 보며 글감을 구상하기도 하고 글쓰기에 호젓한 시간이기도 하다. 지난번엔 전주 가는 길에 잠깐 정신이 팔려 남원까지 갔다 돌아온 적도 있었다. 그래도 오랫동안 마음을 주고받던 문우들을 보니 글을 써야겠다는 용기가 생기고 먼 길을 다니는 것이 헛되지 않았음을 실감한다. 수필은 글을 통해 서로의 교감을 나누기에 문우들이 정겹고 인간적인 문학이려니 싶어 좋다.

인생삼여人生三餘라는 말이 있다. '하루는 저녁에, 일년은 겨울에, 일생은 노년이 여유로워야 한다'는 뜻이다. 나 역시 직장에 나갈 일도 없으니 틈틈이 책을 보며 여가생활을 보내기 마련이다. 6순을 넘기면서부터 서예와 한문공부로 시간을 보내다가 맨 나중에 시작한 것이 수필공부다. 나라고 별것 있을까. 깜냥에 열심히 산다고 했지만 윗 어른들이 살다간 그 길을 걷고 있을 뿐 내놓을 만한 자랑꺼리도 없다. 다만 나이들어 나의 흔적이라도 남기고 싶은 것이 소박한 꿈이다.

'노후를 어떻게 보내야 할까'

공평하게 주어지는 시간을 자신이 어떻게 관리하느냐에 따라 성공여부가 달려 있다고 한다. 나이들어 활력이 넘치는 사람이 될 수도 있고, 맥없이 시간만 소일하는 경우도 있으니 말이다. 취미하나쯤 살려 노력한다면 동호회원들과 유대감도 강화하고 자존감을 높여주며 자신에게는 위로와 활력소가 될 것이다.

퇴직이후 한동안 서예에 파묻혀 살다가 요즘은 수필에 심취해 있다. 글쓰기 어떻게 해야 할까. 수필은 붓 가는 대로 쓰는 일정한 형식이 없는 글이라고 하지만 선뜻 동의하는 사람은 많지 않을 것이다. 막상 글을 쓰려들면 눈앞이 깜깜하고 말문이 막혀버린다. 글은 그 사람의 얼굴이라 했으니 생각이나 감정을 전달하려면 문법적 질서를 지켜야 하고 상대가 이해할 수 있도록 쉽게 정리해 주어야 한다. 글을 읽으며 '그래 맞아' 독자들의 공감을 끌어내야 한다.

중국 송나라 문인 구양수의 삼다설三多說에 의하면 '많이 읽고, 많이 쓰고, 많이 생각하라' 한다. 모든 예술이 그렇듯 모방에서 시작하기 마련이니 좋은 글을 읽다보면 생각이 달라지고 문장의 스타일도 바뀌어간다. 글쓰기에는 특별한 왕도가 없다는 뜻이려니 싶다. 어린아이들은 엄마와 주변의 친구들이 함께 놀며 언어를 배워가듯 작가는 주변의 사물을 보며 그 소재에 대하여 조사하고 자기의 생각과 체험을 쏟아 부어 천천히 발효시켜야 한다. 발효의 과정은 갈고 다듬는 다는 뜻이니 노력하고 땀 흘린 만큼 언어는 활활 빛이 날 것이다.

전주는 일찍부터 전북수필, 행촌수필, 아람수필 등 굵직한 문학단체가 결성되어 시 · 군 까지 문예활동이 활발하게 움직이고 있다. 이처럼 수필문학이 시나 소설처럼 어깨를 나란히 할 수 있었던 것은 20여년을 넘게 제자를 양성하며 수필쓰기에 앞장섰던 고故 김학선생님의 내공이라 할 것이다. 《수필아 고맙다》 등 17권의 수필집을 내기까지 '나를 따르라'는 전장의 장수처럼 쉼 없이 정진해 오신 분이다. 모든 제자들은 그분의 고마움을 알 것이다.

나이 들면서 배움의 갈증은 더해간다. 평생교육원의 문도 두드려보고 여기저기 강의가 있다고 하면 기웃거려 보지만 이것도 욕심이려니 싶어 하나하나 내려놓기도 하지만 유독 수필만은 계속하고 있다. 자기 내면의 세계와 이야기를 나누는 일이니 야산의 도토리를 주워 맛있는 묵을 쑤듯 마음속에 깊이 감추어진 진주를 캐내야 한다. '인생 저편에서 사상을 관조하고 거기에서 지혜를 터득한 이야기는 잘 익은

홍시처럼 그렇게 맛있을 것이다(정주환, 수필창작법).'

수필은 자신의 이야기를 글로 옮기는 작업이다. 누구와도 나누지 못한 자신과의 대화를 나누며 자신을 위로하고 치유하기도 한다. 농부가 가을에 추수를 하듯 수필을 배우며 척박한 마음의 밭에 촉촉이 물도 주고 그간 다하지 못한 정성을 듬뿍 쏟아보려 한다. (2022. 10. 18)

# 라떼는 말이야

직장마다 로비에 커피 자판기가 놓이던 때였다. 잠깐씩 짬을 내어 자판기커피를 빼들고 한쪽으로 가서 선배들의 흉도 보고 투정을 하던 시절이 그리 오래된 일은 아니다. 부드럽고 고소한 향을 맡으며 동료들끼리 노닥거리는 주된 화제는 '꼰대' 이야기였다.

가까운 동료들끼리 만나면 으레 '커피 한잔 하자' 였다. 밀크커피를 좋아하던 나는 늘 두어 봉지씩 가지고 다니며 뜨거운 물에 타 먹기도 했다. 그런데 언제부터일까. 카페라떼로 취향이 바뀌었다. '아메리카노'에 물대신 우유를 타서 마시는 카페라떼는 고소한 맛이 우러나서 너무 뜨겁지 않고 순한 맛을 느낄 수 있어 좋았다. 라떼는 말이야(Latte is horse), 젊은이들이 기성세대를 빗대어 하는 말이다. 회식시간이면 직원들을 모아놓고 자주 철 지난 이야기로 시간가는 줄 모르고 있었으니 그럴 만 했으리라.

과거 농경사회에서는 자신의 경험이나 노하우를 자녀들에게 전수해 주는 것이 당연한 의무요 전통이며 그 시대를 살아가는 생존전략이기도 했다. 동네 아이들이 싸우면 어른들은 '네가 잘못했구먼, 싸우면 안 되지.' 하며 점잖게 타일러 주었다. 그처럼 어른들은 그 지역의 거울이요 존경의 대상이었다. 가정에서는 추상같던 부모요, 마을에서는 지엄하신 어른이었으니 어디서든지 만나면 '안녕하세요?' 나붓이 인사를 드렸고, '응, 누구 아들인지 인사성도 밝구나, 공부 잘해' 하며 머리를 쓰다듬어 주던 분들이다.

정보화 물결이 거세게 일던 1990년대, 컴퓨터가 직장은 물론 가정에까지 보급되고 있었으니 인터넷 정보는 어린 아이들까지 검색할 수 있을 정도로 일상화 되어갔다. 컴퓨터 자판을 두드리면 명필 글씨가 튀어나오니 그동안 글씨를 쓰며 대우를 받던 직원들은 한쪽으로 밀려나기도 했다. 생면부지의 정보도 마음대로 검색할 수 있으니 선배들의 노하우나 지식까지도 알량하고 구태의연한 옛날정보에 불과했다.

사회는 갈수록 과학화, 정보화 되어가고 있다. 우리의 생각과 사고는 시대의 흐름에 재빨리 따라가야 한다. 그럼에도 모든 일에는 순서와 절차가 있는 법, 과거를 통하여 현재를 살고 있으니 미래도 오늘의 그 경험을 토대로 앞으로 나아가야 한다. 과거 할머니들이 손자들에게 주는 약이 비록 효험은 없을지는 모르지만 해롭지는 않았다. 수 백 년을 살아오면서 터득한 조상들의 슬기가 담겨있었다. 그래서 선배들의 경험을 쉽사리 흘려들을 수 없는 이유이리라.

물질문명의 발달은 우리를 이롭게도 하지만 인간관계를 피폐하게도 한다. 자칫 문명의 화살이 우리를 겨냥해 올 때는 헤어 나올 수 없는 수렁에 빠지게도 한다. 학자들도 최근 기후변화로 인한 대형산불, 폭염, 폭우, 역병 등이 문명의 발달과정에서 오는 부작용이라고 지적한다. 우리에게 면역력을 약화시키며 불면증, 공황장애 등도 그 요인일 것이다.

한때 사회를 이끌어오던 산업화의 주역들은 어디로 갔을까, 어쩜 뒷전으로 밀려나 꼰대의 상징으로 되었을지도 모른다. 당연히 바른 말을 해 주고 사회의 거울이 되어주었던 존경의 대상들이다. 자기를 낳아주고 가르쳐준 부모는 물론, 나이든 사람들에게 예를 다하는 것은 우리민족의 바람직한 덕목이 아니던가? 조심스럽기는 하지만 요즘 학교현장에서는 체벌금지와 학생인권조례가 시행되면서 스승까지 존경의 대상에서 멀어져가고 있으니 우리 모두 고민해볼 때가 아닌가 싶다.

사람이란 '살다'의 어간 '살'에 명사형 어미 '음'을 넣은 '살음'으로 연철되어 이루어진 말이다. 그러기에 공자의 말처럼 '사람답게 살아야 한다'는 정명正名의 철학이 오롯이 담겨 있다. 군군신신君君臣臣 부부자자父父子子가 그것이다. 요즘처럼 흉흉한 세상에서 우리를 되돌아보는 삶의 성찰이 절실한 까닭이다. 조선 임란 때의 선조나, 6·25한국전쟁 때 이승만 대통령, 그리고 현대 몇 대통령들은 모두 정명을 일탈한 역사를 대변하고 있다.

오랫동안 수필공부를 하며 가르침을 주던 C선배의 말이 생각난다. 책을 가까이하며 자기연마를 위해 부단히 노력하시던 분이기에 고개가 끄덕여진다.

'어릴 때는 나이 많은 사람을 어른으로 모셨고
직장에 다닐 때는 계급이 높은 사람을 어른으로 모셨으며
퇴직 이후에는 덕 있는 사람을 어른으로 모시며 산다.' 고 했다.

가정과 사회를 지탱해 주는 것은 정작 학문적 지식이 아니요, 삶속에서 우러나오는 지혜였다. 선배들이 대대로 이어온 경험과 전통은 무시할 수는 없는 교훈이었다. 나라의 발전은 속도가 아니요 방향이었으니 선배들의 고견을 귀담아 들어야 한다.

비록 의견이 다르다 해도 남의 말을 경청하며 수용할 줄 아는 불치하문不恥下問의 정신일 것이다.

나는 어떤 사람일까. 혹 커피 잔을 들고 '라떼는 말이야' 잔소리를 늘어놓던 화제의 주인공은 아닐지! (2021. 10. 21)

# 단짝 친구

전화기를 들고 함박웃음을 터뜨리는 아내가 부러워진다. 무슨 할 말이 그리 많은지 전화를 하면 그칠 줄을 모른다. 세세한 이야기까지도 '그래그래, 맞아.' '잘했어!' 서로 공감하며 맞장구도 쳐주는 아내, 옆에서 지켜보는 나도 덩달아 즐거워진다. 사람은 관계 속에서 사는 사회적 동물인지라 진심을 주고받으면 행복해지기 마련이다. 가까운 이웃끼리 속내를 털어놓으면 마음이 후련해지고 스트레스도 말끔히 사라지니 말이다.

백구과극白駒過隙이라 했으니 세월이 빠름을 이르는 말이다. 고등학교를 졸업한 지 어언 반세기, 그간 소식도 없던 동창들이 하나둘씩 고향을 왕래하면서 모임이 만들어졌다. 그들이 어떻게 살아왔는지 과정도 환경도 다 알 수는 없지만 만나서 이야기를 나누다 보면 그 시절로 돌아가 함께 즐거워졌다. 유유상종이라 했듯이 각별히 마음이 가는 친구가 있다. 전주 평화동에 사는 고원古園은 우리집과 불과 10여 분 거리에 살고 있었으니 성향도 비슷해서 단짝친구가 되었다.

어려서부터 지필묵紙筆墨을 옆에 두고 붓에 물마를 날이 없었다. 비록 넉넉한 가정형편은 아니었지만 한학을 많이 하신 조부님 밑에서 초등학교 졸업 이전에 동몽선습, 명심보감, 소학, 두율, 효경 등 한학을 두루 섭렵했으니 초 · 중 · 고 과정을 불과 9년에 마칠 수 있었다. 그동안 갈고 닦은 학문적 기량은 고등학교 때부터 나타나고 있었다. 고 2년때는 시를 쓰며 학생회의 문예부장을 맡아 교지를 만들었고, 시화전도 이끌었다. 학보 편집주간을 맡아 학교의 위상을 드높이기도 했다.

'누군가 조금만 밑받침 해 주었더라면 큰 인재가 되었을 것을!' 하는 아쉬움이 있지만 그의 분복이려니 싶다. 친구는 지난 7월에 "고원문집"을 발간했다. 8백여쪽 분량으로 평생동안 짓고 모은 한시, 산문, 서발문序跋文과 묘갈문墓碣文에 이르기까지 후학들이 배워야할 숱한 교훈들이 담겨있다. 치열하게 살아온 그의 흔적과 종가를 지켜온 선대의 발자취도 더듬어 볼 수 있다. 우선 그의 문집에 있는 시 한 편을 인용해보기로 한다.

莫言何經路 살아온 길 어떠냐고 묻지 마시게
失杖盲人惶 지팡이 잃은 상님처럼 허둥거렸소.

夜深逢絕壁 깜깜한 밤에 절벽을 만났으니

唯願免不具 오직 바라기는 불구자만 면하기를.

–「고원문집」 121쪽 『懷舊我行跡』

생업에 늘 바쁘고 허둥대며 사는데도 최선을 다해 살아온 흔적이 역력하다. 언제 이처럼 글공부를 하며 대작을 이루었을까? 올곧게 한길을 걸어온 친구에게 박수를 보낸다. 지난 10월 초에는 세 친구(고원, 석담, 우경)가 고향의 자랑인 강천산 모 펜션에서 만났다. 자연히 문집의 내용이 대화의 소재가 되었다. 글을 쓰는 사람은 구구한 이야기를 하지 않아도 글을 통해 그 사람을 알기 마련이다. 글 속에 그의 생각과 흔적이 담겨있기 때문이다. 우리는 서로에게 위로와 축하를 보내며 하얀 밤을 지새웠다.

나는 직장을 은퇴한 이후 배우기 시작한 서예와 수필쓰기가 나를 위로해 주는 친구가 되어 주었다. 평생을 직장에만 매달리던 사람이 고희 언저리에 자신을 위해 투자할 수 있는 유일한 시간이다. 혼자서도 무렴하지 않게 즐거운 시간을 보낼 수 있으니 더 이상 바랄 게 없다. 틈이 날 때마다 묵향에 젖어 붓글씨를 쓰며, 지나온 흔적과 생각을 수필로 엮어보기도 한다. 때로는 친구 고원古園과 만나 담론을 나누며 등산을 즐기고 있으니 이 정도면 나의 행복한 노후려니 자부하며 산다.

행복은 멀리 있는 게 아니었다. 마음을 나눌 수 있는 친구가 있어서 좋고, 수필을 쓰며 나의 생각과 흔적이 문자화 되었을 때의 기쁨은 헤

아릴 수 없는 행복이다. 하고싶은 일을 하며 주어진 일에 최선을 다했다면 빈부나 귀천은 하늘의 분복이려니 싶다. 과거의 그늘에서 벗어나 오늘을 아름답게 만들어가자고 다짐해본다.

이제 노년에 이르러 숨길 것도 가릴 것도 없는 나이가 되었다. 나이가 들면 건강이 제일이란다. 지인들을 만나면 함께 식사할 수 있고 여가를 즐겁게 보낼 수 있으니 그게 기쁨이다. 그동안 절차탁마切磋琢磨의 심정으로 자신을 다듬으며 자녀들을 훌륭하게 길러낸 단짝친구를 노년에 만났으니 자주 회우하며 세상담론도 나누며 살아가리라. (2020. 10. 10.)

# 고원문집 발간을 축하하며

친구 고원古園선생의 문집발간을 진심으로 축하드린다.

보통사람으로는 감히 생각도 할 수 없는 한시 · 산문 · 수상 · 묘도문 · 재실기 등 그 오랜 동안의 행적을 이제야 선보이게 되었으니 더없는 경사요 기쁜 일이 아닐 수 없다. 이는 누구나 하고 싶다고 할 수 있는 일이 아니며 평생 동안 준비하지 않으면 엄두도 낼 수 없는 일이니 더욱 값지고 소중한 일이다.

우리가 고등학교를 마친지도 어언 반 백년半 百年. 머리에는 온통 서리가 내리고 고희를 넘어 망팔望八에 이르렀다. 고원선생과 나는 섬진강을 바라보며 적성에서 자랐고 동문수학한 친구다. 살다보니 바쁘다는 핑계로 자주 만나지 못하고 유선으로 안부만 살피다가 고희언간에 자주 만나며 단짝으로 지낸다. 나중에 보니 나와는 지척인 전주의 학산 기슭에 둥지를 틀었으니 깊숙이 숨겨진 보물을 찾아 즐거워하듯 서로 속내를 털어놓을 수 있는 다정한 사이가 되었다.

고원은 재학 중에도 문재가 탁월하여 수시로 시화전을 벌이며 꾸준히 작품 활동을 하던 친구였다. 학교에서는 문예부장으로서 「학보」와 「교지」의 편집장을 맡으며 누구도 따를 수 없는 문인으로서의 재간을 일찍부터 드러내 왔던 터라 대학엘 진학했더라면 국문학이나 동양학을 전공하여 내로라하는 학자가 되었으리라 바라고 짐작했었는데, 가정 형편으로 인해 뜻대로 되지 않았나 싶다.

여섯 살 때부터 할아버지 석계石溪선생의 두루마기 자락을 잡고 서당에서 글을 배웠는바 7~8세에는 「천자문」·「사자소학」·「추구」를 떼고, 조부가 운명하실 무렵에는 「동몽선습」·「명심보감」·「소학」·「두율」·「효경」에 이르기 까지 그 가르침을 받았으니 시문에도 탄탄한 기반을 쌓았음이 분명했다. 또 어른에 대한 효심이 지극하여 호號 를 내려주신 조부의 깊은 속내가 "가전충효家傳忠孝, 시례고가詩禮古家를 굳게 지켜 펴 나가라"는 심오함에 있음을 알았으며, 결코 시끄럽지 않고 오만하지 않는 수졸守拙과 겸양의 정신으로 평생을 살아왔다. 특히 조부의 유고집 「석계복고石溪覆稿」를 번역하고 풀이하여 2011년 7월에 발간하여 요처에 배포하였으며 2017년에는 先 19대조의 과거급제한 이력인 「판윤공세적判尹公世蹟」을 편저 · 발행하는 등 가문의 대 역사를 이루어 낸 것이다.

여기 적성강赤城江 변에서 나고 자란 저자는 온몸으로 세파에 부대

끼며 자연에 숨어 시주詩酒로 음영吟詠의 세월을 살아 때 묻지 않은 천연 그대로의 시문詩文을 남긴 한 시대의 자연인이며 요즘 보기 드문 선비다. 선비士란 시어일始於一하고 정어십終於十하는 글자로, 음·양을 미루어 하나로 합하는 능력을 갖춘 사람을 말한다. 임간林間에서 여세추이與世推移로 자신의 도道를 펼치며, 멀리는 백이·숙제夷齊에 그 연원을 두고 올 곧은 정신을 계승함이요, 한편으로는 아무런 관직도 갖지 아니한 처사處士로서, 오로지 학문과 행의行誼를 닦는 치열한 수기修己의 과정을 거친 사람을, 주저 없이 선비라 이르나니 의당 고원을 선비라 불러도 손색이 없으리라.

무릇 글이란 한갓 피모皮毛를 털어내고 곧바로 〈염통안의 피〉로 통해야 하거늘 고원의 글을 통독通讀하면 자연의 이치와 철학이 응축되어 감히 범접할 수 없는 달사達士의 풍격風格이 있다.

금년 이른 봄의 어느 날. 모악산을 동행하는 길이었다. 고원은 자신이 쓴 평소의 글을 정리하여 출판한다며 〈한마디의 서문〉을 강청强請하기에 나와는 동창이자 친구로 살아온 날들이 반백년 아니던가. 혹 천학淺學의 졸문이 옥에 티로 남지 않을까 염려했지만 이도 영광이려니 싶어 슬며시 옷깃을 여미어 본다.

고언古諺에 "시인은 글자를 아끼고 수필가는 말에 기름을 바른다." 고 했다.

이제 친구의 글 솜씨를 까발려보련다. 古園이 원래 촌놈인 것은

"마당가 노란 국화에 이는 가을바람 / 멍석에 마른 고추는 볕 받아 붉고 / 탁주한잔에 농부의 미소와 / 세간의 희비를 녹여낸다.(黃菊場頭

蕭瑟風 苦椒曬席受陽紅 農君濁酒滿微笑 疑是喜悲在盞中 / 農家秋日)"라 읊어서 따사로운 가을볕에 익어가는 시골마당의 정경을 손에 잡힐 듯이 그려냈으니 고원은 촌놈이 분명하고,

술집의 아가씨라 題하고는 뜬금없이 "내가 살던 시골엔 이런 우스갯소리가 있다. '고운 여자들은 모두 술집에 가 있고, 기름진 문전옥답은 다 도로가 된다.' 美의 기준과 척도는 지극히 사적이다. 나 보기엔 경국지색도 다른 이가 보기엔 박색薄色일 수도 있으니…"라며, "술집에 아가씨 / 취한 눈에 절세의 미인이네. / 이 주막에는 어찌 오셨나 / 전생에선 귀한 집의 부인이었으리.(酒樓接賓娘 醉眼傾國色 此處到何緣 前世貴婦人 / 酒肆娘子)"라며 은근히 사내티를 내다가는, "단풍잎이 꽃처럼 떨어져 붉은 빛이 가득한데 / 늙은 시인은 달빛에 빠져서 글짓기를 즐기네(楓葉花落滿地紅 老丈醉月愛吟中 / 秋月夜吟)"에서 다시 시인의 본심을 보이고,

평생 친구로 지내던 일초一樵 서기원의 죽음에서는

"마음을 열고 술 마신 것이 어제 같은데 / 어찌하여 나보다 앞서 저승으로 가셨나? / 서산을 향해 통곡해도 정은 다하지 않는데 / 짝 잃은 외기러기 울음소리를 차마 어찌 들을꼬.(對酌胸襟似昨日 如何先我上帝京 痛哭西山情不極 忍何隻雁咽鳴聲 / 輓一樵徐公基元氏)"라며 가슴을 후비는 인간적인 슬픔을 토하다가, 동창회 모임에 가서는 "술 권하며 회포 푸느라 하루해가 다하는데 / 친구여 백발은 버리고 옛 정만 가져가소.(酬酌幽懷終日盡 君棄霜髮但持情 / 同窓會有感)"라하며 금방 눈물이 떨어질 것 같은 애잔함을 보이는 힌편으로, 산행노반山行道伴들과는 "흥겨운 정담 속에

걸음마다 시가 되고 / 뱃속에 글 가득하니 어찌 추위를 느낄꼬.(發興情談行步詩 書滿腹中豈感寒 / 霜楓漫行)"하며 자신이 글쟁이요 시인임을 은연중에 토로한다.

위에 소개한 몇 줄의 글로 古園先生의 진면목을 어찌 다 말할 수 있을까만 이렇게라도 나의 마음을 주고 싶어, 친구의 정수精髓가 녹아 어우러진 옥고玉稿를 재삼 숙독하며 그 소회素懷를 밝힌다.

끝으로 독자들은 이 책을 통하여 세파에 맞서 치열하게 살아온 저자의 삶을 수시로 만나게 될 것이다. 가족은 물론 후학들에게 좋은 정신적 자산이 될 것임을  확신하며 앞으로도 더욱 알토란 같은 글들이 이어지기를 빌어본다. (2020. 3. 10)

# 이런 친구

고향 친구의 아내 선자 씨가 장염으로 병원생활을 했다. 누구보다 대담하고 건강하던 여인이 지난해 뇌졸중으로 한번 쓰러지더니 잔병치레를 자주 한다. 아직도 거동이 불편하고 밥맛이 없다고 하니 걱정이었다. 한창 바쁜 시기에 주부가 성치 않으니 가족들의 끼니사정은 말이 아니었을 것이다. 사흘이 멀다며 만나던 사이였는데 우리가 멀리 이사하는 바람에 자주 오가지 못하며 산다.

전주에서 건축업을 하던 친구 명옥(선자씨 남편)씨는 부모님이 돌아가신 뒤 고향으로 돌아가 선산을 지키며 산다. 건축가답게 집을 아름답게 꾸미고 옥상에도 방을 들여 내가 갈 때마다 침실로 내주곤 하지 않던가. 민 여 평의 많은 논농사를 지으면서도, 매년 고추를 심어 봄부터 허리 펼 날 없는 친구다. 논농사야 기계화가 가능하지만, 밭농사는 손발이 수십 번 닿아야 한다. 요즈음 빨갛게 익어가는 고추를 따고 건조시키며 꼭지를 따는 일이 산더미처럼 쌓여있는데 주부가 병석에 누워있었으니 집안 꼴이 말이 아니었을 게다.

그래서 오랜만에 아내와 함께 방문을 했다. 밖으로 나가 이야기를 나누며 입맛에 맞는 밥이라도 사주고 싶었다. 마침 서울에서 살다가 전원마을에 귀촌한 친구 우장식 내외도 함께 해주었다. 한동안 병원 밥만 먹다 나왔으니 입맛이 없었을 것 같아 본인이 좋아하는 오리전문음식점인 '탕금정'을 찾은 것이다. 금방 담은 배추김치에 한방오리백숙은 입맛을 당기게 했다. 선자씨도 잘 먹는 것을 보니 안심이 되었다.

선자 씨는 음식솜씨가 좋고 인정이 많은 여인이다. 몇년 전 순창군에서 개최한 요리대회에서 대상을 받을 정도로 요리에는 남다른 재능이 있다. 순창의 고추장이 그렇듯 그 손맛은 누구에게도 뒤지지 않을 것이다. 우리가 갈 때마다 후다닥 준비한 음식은 진수성찬이었다. 따끈따끈하게 끓인 쇠고기 무국에 생채, 고들빼기김치, 들깻잎과 닭 매운탕은 누가 뭐래도 그녀의 자랑거리다. 눈물범벅이 되도록 먹게 했던 선자 씨의 진심어린 마음은 잊을 수가 없다.

저녁 식사 후, 조용한 커피숍 '베르자르뎅'으로 자리를 옮겼다. 분수噴水가 솟고 입구가 달빛에 반사된 야경은 한 폭의 그림이었다. 과거 달 밝은 밤이면 한恨 많은 여인들이 눈물지으며 하소연하던 대상이었다. 옆엔 냇물이 졸졸 흐르고 풀벌레소리에 잔잔한 음악이 어우러진 시간은 담소를 나누기에 그만이었다. 시골에 이처럼 멋진 찻집은 고향의 자랑이었다. 고희古稀를 넘기며 자녀들은 제 갈 길을 갔으니 이젠 자신의 건강을 돌아보아야 한다. 육신을 여지껏 사용했으니 언제 고장이 날지 모를 일이다.

찻잔을 기우리며 마음을 터놓으면 그동안 쌓였던 앙금도 눈 녹듯 풀어진다. 그래서 꼬인 관계일수록 분위기 좋은 곳을 찾아 대화를 나누다보면 좋은 관계로 호전되기도 한다. '우리에게 남겨진 삶을 어떻게 보내야 할까.' 신이 누구에게나 남겨준 숙제이기도 하지만 누구도, 어디서도 정답을 주지 못한다. 그래서 내가 믿는 하나님께 영육간의 건강과 소망을 간구하기도 한다.

몇년 전, 귀촌한 친구 부부는 골프, 탁구 등 운동을 즐기며 산다. 그 아내도 3년간 탁구를 배우더니 이젠 누구와도 겨룰 만큼 중량급 선수가 되었단다. 덕분에 건강도 좋아져서 취미생활을 하며, 하고 싶은 일을 하고 있으니 귀촌의 보람이라고 자랑한다. 요즘 내 아내도 탁구와 펜그림 그리기에 열심을 내고 있다. 지난해 8월 골다공증으로 허리가 골절되어 한동안 우울증 · 불면증으로 시달리기도 했지만 이젠 회복단계에 있으니 얼마나 다행이던가.

건강의 중요성은 누구나 인정하면서도 평소에는 전혀 의식하지 못하며 살아간다. 그래서 약간의 질병이 있는 사람일수록 가끔 병원을 찾아다니며 건강을 체크하고 치료를 받기에 큰 병은 예방하며 오래 산다고 한다. 그간 친구 명옥씨는 누구보다 부지런하여 부富도 이루고 자녀들도 공직에 나가서 부러울 것이 없는 가정이 되었다. 이제 나이도 나이인 만큼 모두들 건강관리에 힘써야 한다고 입을 모은다.

고향에 이처럼 속사정을 털어놓을 수 있는 편안한 친구, 이건 전적으로 선자씨의 덕이다. 아무리 가까운 사이라 해도 집 밥하기 좋아하는 주부가 얼마나 있을까.

정이 많은 선자 씨는 어느 틈에 준비했는지 묵은지, 감자, 양파, 애호박, 마늘, 깻잎 등을 여러 보따리에 싸서 차에 실어준다. 친정엄마처럼 푸짐하게 주는 이런 친구 그 손길이 고맙기만 하다. 부디 건강하길 기도한다. (2022. 8. 28)

# 스승의 날에

스승 한 분쯤 마음에 있으면 행복하다. 말 못하는 고민과 속 터지는 일이 쌓일 때 스스럼없이 찾아가 마음을 털어놓을 수 있는 그런 은사님말이다. 사회가 발전을 거듭하면서 가정은 핵가족화 되고, 마을 공동체의식은 희미해져가고 있다. 출산율 저하로 형제들은 줄어들어 나를 아껴주는 친족이나 고향 선배도 찾아보기가 쉽지 않은 시기를 보내고 있다.

고등학교 입학 시기를 놓치고 마음조이던 시절, 길을 안내해준 스승을 지금도 잊지 못하고 있다. 교복을 차려입고 자랑스럽게 다니던 친구들을 보면 질투심이 일어 찾아간 분이 Y선생님이다. 중학교때 담임을 맡아 자주 가정방문을 하셔서 우리집 사정을 잘 알고 계셨던 분이다. 스스럼없이 찾아가 진학 가능여부를 말씀드리니 친절하게 알려주시며 준비물까지 적어주셨다. 어렵사리 5월 중순에야 고등학교를 다니게 되었으니 천만 다행이었다.

어느날 영어시간에 선생님은 돌아다니며 수업태도를 확인하곤 하셨다. 책을 읽고 해석하는 것이었다. 말그대로 미리 예습을 하지 않으면 초조하기 마련이었다. 선생님은 내곁으로 오시며

"이번엔 우철이 한 번 해봐." 좀 더듬거리면

"공부 안했구먼. 손 내"

하시며 눈물이 뻥 나도록 경고를 주셨다. 아침마다 아르바이트를 하느라 수업중간에 들어오는 나를 뻔히 알고 계셨지만 늘 채찍을 가하신 것이다. 시간도 없었지만 저녁이면 몰려드는 잠을 참지 못해 복습은커녕 예습은 손도 대지 못했다. 그래도 관심을 가지고 늘 챙겨주시는 선생님이 고마웠다.

Y선생님은 경영학을 공부하던 박사과정의 학생이기도 했다. 교감이 되어서도 수학시간이면 조용히 교실에 들어오셔서 강의를 듣곤 하셨다. 부족함을 채우기 위해서는 체면도 이목도 괘념치 않았다. 그 후 박사학위를 취득하시며 군산대학 교수로 자리를 옮기셨다. 50대 중반에는 총장선거에 막강한 후보로 올랐으나 갑자기 과로로 쓰러져 큰 꿈을 이루지 못하고 아쉬운 생을 마감하셨다. 제자들을 그토록 아끼며 자신에게는 엄격하시던 분이었다.

매년 5월, 스승의 날이 되면 빚진 채무자처럼 마음이 무거워진다. 마음에 있는 스승에게 인사한번 드리지 못한 탓이다. 친구 古園(김태

기)도 같은 마음이었다. 늦었지만 생존해 계시는 은사님들을 모시기로 하여 두분께 연락을 드렸다. 고 3때 담임을 맡으셨던 H선생님과 중 · 고 6년간 국어를 가르치셨던 K선생님이다. H선생님은 오래 병석에 계시다니 다음기회로 미루고 이번 스승의 날엔 K선생님을 모시기로 하고 취지를 말씀드리니 쾌히 승낙해주셨다. 너무 늦어 면목 없었지만 마음은 기쁘고 기대에 부풀었다.

어떻게 변하셨을까? 얼굴과 이름은 기억하실 수 있을까? '결혼을 앞둔 섣달 큰 애기'처럼 마음은 두근거렸다. 약속한 장소에 들어서니 저 안쪽에서 낯선 어르신이 손짓을 하고 계셨다. 친구와 둘이 간다고 했으니 벌써 알아차린 모양이다. 우리보다 30분이나 먼저 오셔서 기다리고 계셨으니 이럴 수가…, 머리엔 서리가 내리고 얼굴에는 주름이 굵어지셨다.

예약된 방으로 들어가 큰 절을 올렸다.

"반갑습니다. 이 얼마만인가요."

"고맙네, 그리 잘한 일도 없는데 이처럼 챙겨주다니…."

제자들이 자주 찾을 것 같아도 이런 만남은 평생 두 번째란다.

학교를 졸업하고 뵌적이 없었으니 50년만이다. 우리도 선생님도 눈가에 이슬이 맺혀 서로 울먹이며 한참동안 말을 잇지 못했다. 친구 고원古園은 12km가 넘는 먼거리에서 걸어 다니면서도 교지 학보 주간을 맡아 늘 선생님과 마주하던 사이다. 나는 6년을 하루같이 생활하며 시험때마다 수업료 때문에 늘 불려 다니던 말썽꾸러기였으니 뻔히 알고 계셨던 것이다. 우리는 미리 준비한 꽃다발과 선물을 안겨드리며 정담을 나누었다.

졸업후 뵌적이 없었지만 선생님은 우리 사정을 뻔히 알고 계셨다. 내가 공직에 들어가 순창과 전주시를 거쳐 도에서 근무하고 있던 사례까지 소상히 알고 계셨다. 선생님들 중에 나의 이야기가 나올때마다 "그녀석 내 제자야"하며 감싸주고 자랑도 하셨단다. 설마 자신을 기억하고 있으리라고는 생각지 못했는데 이처럼 보이지 않은 곳에서 응원하고 계셨다니 오늘이 더없이 기쁘고 귀한 선물을 받은 기분이었다.

K선생님은 늦게까지 남아 신설학교를 명문사학으로 우뚝 서게 하신 분이니 밀린 숙제를 한 것처럼 잔잔한 기쁨이 일었다. 사모님의 건강을 물으니

"응, 고생만 하다가 7년 전에 갔어."

힘없이 대답하시던 선생님의 얼굴에는 외로움이 묻어났다.

"이제 알게 되었으니 자주 연락 드릴께요"

"아니 다음엔 내가 꼭 연락할게" 하신다.

모처럼 스승을 찾아 보은의 기회를 가졌으니 잔잔한 행복이 젖어든다.(2021. 5. 15.)

# 마음의 고향, 농촌

마음을 주고받을 수 있는 친구가 있다는 것은 즐거운 일이다. 외롭거나 답답할 때 속내를 드러내고 이야기할 수 있는 친구는 삶을 살찌게 한다. '세상은 점점 나아지는데 왜 내 삶은 피폐해지고 힘들어질까?' 늘 불평하기도 한다. 교통도 말할 수 없이 편리해져 가고, 경제사정은 갈수록 좋아지고 있는데 채워지지 않는 공허함은 늘 상존하기 마련이다.

1.

수필집 〈시골의사의 아름다운 동행〉 을 읽었다. 경북 안동에서 병원을 운영하는 박경철 원장의 글이다. 생명을 담보로 하는 박 원장은 의사로서 지켜야 할 양심을 다지며 고향주민들에게 봉사하고자 하는 마음이 가득한 사람이다. 돈 버는 일에 연연하지 않으며 부끄럽지 않게 살겠다는 각오가 대단했다. 자신의 실수로 한 명이라도 희생되는 일이 있다면 백 명쯤은 살려야 한다는 심념으로 일한다.

양심은 정치인에게만 있어야할 덕목일까? 박경철 원장은 사람의 생명을 다루는 의료인의 한 사람으로서 '나는 지켜야 할 양심을 지키며 살아 왔는가?' 하며 자신에게 묻는다. 다른 친구들은 도시로 도시로 나가 병원을 개업하는데 치매, 중풍으로 고생하는 사람들, 농기계사고로 실려오는 위급한 환자들을 보며 고향을 떠날 수 없었다고 하니, 농촌에서 일하다 다친 환자들에게 응급조치를 하지 않으면 목숨을 지킬 수 없었으니 자신이 고향을 지켜야 겠다고 마음먹은 것이다.

어느 날 피투성이가 된 어린아이가 응급실에 실려 왔단다. 1%의 소생가능성만 있어도 목숨을 살려야 하는 것이 의사의 소명이 아니랴, 혈압과 맥박을 체크하고 수혈을 시작했다. 그 부모는 종교적 신념(여호와의 증인)으로 수혈을 거부한 상태였지만 부모의 동의를 받을 계제가 아니었다. 자신의 의사를 표현할 수 없는 아이의 삶과 죽음의 결정권은 아무에게도 없는 일이었다. 수혈을 하지 않고 속수무책 지켜보기만 해야 한다면 왜 병원을 찾아왔을까? 마침내 수술은 성공적으로 이루어졌고, 건강을 되찾아 퇴원할 수 있었다.

2.

오래전 익산시에서 근무할 때의 일이다. 중국 길림성에서 시집온 지 얼마 안 되는 박원복씨는 마을일을 보고 있었던 조선족 이장이었다. 사석에서는 나를 오빠라 부르며 붙임성 있는 여성이다. 성격이 활달하고 친화력이 있어 누구나 같이 있기를 좋아했고, 노는 자리라면 으레 〈휘파람〉, 〈반갑습니다〉 등 노래를 불러 분위기를 반전시키는 묘한 매력을 지닌 분이다.

결혼할 때는 잘사는 나라로 시집간다며 주변의 부러움을 사기도 했단다. 그런데 웬걸, 무거운 십자가처럼 병수발을 들어야할 시할머니 시아버지가 기다리고 있었다. 젊은 여성이 생전에 해보지 않은 일이니 생각만 해도 가슴을 짓누르는 일이었다. 다시 돌아갈까도 생각했지만 '너 열심히 살아야 한다'는 친정아버지의 추상같은 당부 때문에 입술을 깨물며 참아야 했다. 교육자로 흔들리는 딸을 달래며 잘 살아주기를 당부한 것이다. 슬하에 어린 딸이 있어 이러지도 저러지도 못하는 족쇄가 되었는지도 모른다.

마침 가정의 달을 맞아 효부대상자로 추천하게 되었고, 2005년 전라북도지사 상을 받게 되었다. 마을일을 맡아보면서도 병석에 계신 시어머니를 극진히 모신다는 신문기사가 나고 입소문은 번져나갔다. SBS, MBC TV를 통해 취재경쟁을 벌였으며, 그 일이 수시로 방송되다 보니 인근지역에서는 모르는 사람이 없었다. 다문화가족이 지역에서 뿌리를 내릴 수 있도록 돌보는 일은 그 지역을 책임(당시 성당면장)지고 있는 나의 소명이기도 했다.

어려운 가정환경에서도 묵묵히 살아가는 모습이 귀감이 되었던지 인근지역 하림(주)회사의 직원모집에 특별 채용되었으며, 처음엔 다리가 퉁퉁 부으면서도 남보다 더 열심히 일을 했다. 15년이 지난 이제는 어엿한 중견사원으로 일을 하고 있다. 몇 년 후 극진히 모시던 어른들은 돌아가시고 가정은 점점 안정을 되찾아갔다. 휴가철이면 틈을 내어 친정에도 2년에 한 번씩 다녀온다며 기쁜 소식을 전해준다.

시골에는 다문화가족이 많이 있다. 이들에게 지역에서 뿌리를 내릴 수 있도록 돌보는 일은 주변에 사는 서로의 책임이기도 하다. 여기 소개된 박원복씨도 어려운 환경으로 결혼해 왔지만 이웃들이 그를 도와주었기 때문에 안전하게 정착할 수 있었다. 자칫 순간의 판단에 따라 가정이 파괴되고 멀리 온 결혼생활이 순탄하지 못한 것은 본인 뿐 아니라 주변에도 불행을 초래한다.

요즘 귀향 · 귀촌인구가 늘어나고 있다. 농업을 주축으로 발전했던 나라는 흔들림이 없었다. 농촌이 삭막해지면 어느 누구도 행복할 수 없기 때문이다. 시골에서 가족처럼 의료 봉사를 하는 박경철 원장의 사례나, 어려운 환경에서도 묵묵히 참고 가정을 일으켜 세운 조선족 이장 박원복씨가 바로 아름다운 동행이요 사회의 거울이다. 마음의 고향 농촌이 살만한 힐링공간으로 태어날 수 있었으면 좋겠다. (2019. 10. 1.)

# 고진감래

'과정이 좋으면 결과도 좋다'고 한다. 젊은 시절 어두운 그늘에서도 희망을 버리지 않고 노력했던 사람이 나이 들면서 즐겁게 보내는 사람을 보면 힘이 솟는다. 보기도 좋고 때로는 부럽기도 하다. '저 사람 무슨 복이 많아서 저렇게 일이 잘 풀리는가?' 고개를 갸우뚱거리기도 하지만 심을 때 심지 않고 노력하지 않은 사람이 어찌 좋은 결실을 맺을 수 있을까? 컴퓨터를 켜니 낯선 메일이 와 있었다.

"우경 선생, 11월초순 강천산 단풍이 한창일거라 예상됩니다.
적당한 날을 잡아 우리 집(강천산 이도펜션)에 오시면 따끈한
녹차 한 잔 내접하겠습니다. – H 드림– "

고등학교 다닐 적 서무과에서 근무하셨던 H선배였다. 부모도 없이 누님 집에서 살던 선배는 어려운 가정형편에 고등학교 진학을 포기하고 학교에서 궂은일을 도맡아하며 생활전선에 뛰어들었던 분이다. 저녁이면 함께 공부도 했으니 동병상련의 정을 잊지 못하여 나의 수필집 '나이드는 즐거움' 한 권을 보내드렸다. 선배와 관련된 글이 실려 있어서였다.

당시 나는 저녁이면 학교에 나가 공부를 했다. 학교측에서는 매일 저녁 교실을 개방해 주었으니 고마운 일이다. 배구부를 육성하던 시절, 어떤 친구는 배구선수로, 어떤 친구는 농구선구로 기량을 발휘하고 있었다. 이도 저도 아닌 친구들은 오직 책과 시름할 수밖에 없는 일이 아니던가? 선배는 우리와 함께 공부를 시작했다. 저녁이면 밤새는 줄 모르고 책과 싸웠다. 피곤에 지치고 잠이 쏟아질 때면 대야의 찬물에 발을 담그며 졸음을 이겨냈던 것이다.

2년쯤 지났을까? 그 선배는 9급공무원시험(당시5급을류)에 합격의 영광을 안았다. 스물한 살, 주변사람들의 부러움을 한 몸에 받으며 공직에 입문했고 가정을 일으켜 세웠다, 30여 년을 군청에서 중견간부로 퇴직한 보석같은 분이다. 난 전화를 걸어 11월 5일(화) 11시쯤 가겠다고 약속했다. 단풍철이라 주말이면 번잡할 테니 평일로 잡은 것이다. 우리 부부는 시간에 맞게 주차장에 도착했고 선배는 우리를 따뜻하게 맞아주었다.

"이게 얼마만인가? 오랜만이네."

"예, 선배님, 초대해주셔서 감사합니다."

우린 끌어안고 말없이 한참을 울먹였다. 서로 사정을 잘 아는 터라 여러 말이 필요없었다. 은퇴 전에도 가끔 고향(순창)에 가면 길거리에서 만나곤 했다. 이젠 고희를 넘기며 노년의 길에 들어섰으니 머리에는 서리가 내리고 얼굴엔 주름살이 늘어났다.

강천산 맛집이 어울려 있는 곳, 아내는 펜션을 운영하고 자신은 공인중개사 사무실을 운영하며 틈 나는 대로 시조를 배운단다. 적당히 할 수 있는 일이 있어 즐겁고, 수시로 찾아드는 지인들을 만나며 세상사는 이야기로 보람을 느낀단다. 지난해에는 도내 시조경창대회에 나가 큰 상도 탔던 재주꾼이다. 겨울철 혹독한 추위를 참고 견디던 나무가 이른 봄 아름다운 꽃을 피우듯 찬서리치던 젊은 날 모진 어려움을 이겨내더니 노후가 즐거워졌다.

"선배님, 자랑스럽습니다. 더욱 행복하시기를 기원합니다."

"과찬의 말씀을. 크게 욕심 안 내고 이렇게 산다네."

마음으로 뜨거운 박수를 보냈다. 강천산은 평일임에도 주차장이 가득찼고, 관광버스로 수백 명씩 몰려들었다. 한국전쟁때 빨치산들이 우글거렸던 곳, 이들을 쫓아내기 위하여 산불을 내다보니 두루 잡목이 우거져 아름다운 산이 되었다고 전한다. 군립공원 1호로 지정받아 가꾸고 다듬어진 산이다. 강천사 주변에는 선배가 공직에 있을 적 심었다던 메타스쾨이어와 행운목이 큰 숲을 이루어 운치를 더하고 있었다.

우리는 녹차 한 잔씩을 들고 준비된 맛집으로 갔다. 밥맛이 무슨 상관이랴, 그간 살아온 과정과 자녀들 이야기로 시간 가는 줄 몰랐다. 언발엔 곶삼을 쒀았다며 한 접 보내왔다. 고진감래苦盡甘來, 열심히 노력한 사람이 노년에 보람을 느끼며 사는 것을 보니 가슴이 뿌듯했다. 벽돌을 하나하나 쌓아 올리듯 열심히 살아온 H선배가 한없이 존경스러웠다. (2020. 3. 25.)

牛耕님에게 !

우연히 「나이 드는 즐거움」을 대하면서 내 고향의 그리운 날들을 되돌아보며 들꽃을 감상하는 마음의 여백을 찾았습니다.

불우했던 청소년시절의 경험을 바탕으로 특별한 인생 계획이 있었던 것도 아니고 그저 행운이 따랐다는 말로 설명이 되며 나이 들어가면서 안정을 되찾았으니 평범한 나날을 감사하게 생각하며 지냅니다.

삼월 삼짓날 강남에서 돌아오는 제비의 반가운 지저귐과 처마 밑, 제비집에 새끼들이 노란 주둥이를 벌리는 모습들이 눈에 선하고 들판에 모여앉아 먹었던 모 밥은 기억 속에 잊혀 지지 않는 기막힌 밥맛이었습니다.

이제 인생 반환점을 돌아 덤으로 사는 나날들이니 들과 산으로 바다로 마음의 휴식을 찾아 좋은님들을 기다리는 70이후의 인생 설계를 해보렵니다.

나이는 들어도 마음이 젊은 우경님을 존경하며 건강관리 잘 하시고 올 단풍철에 다시 만나는 즐거운 시간을 기대합니다.

– H 올림.

# 고향의 밤

갈수록 도시생활에 젖어 어릴때의 정서가 멀어져가고 있다. 해질녘이면 서산에 황홀하게 물들어가는 저녁노을이며, 밤하늘의 애수에 젖은 달무리와 반짝이는 별빛은 어릴적 느끼던 고향의 애틋한 그리움이다. 도시화가 급속히 이루어지면서 솟아오르는 빌딩과 아파트는 하늘을 가리고 거리의 불빛과 미세먼지는 밤하늘 초롱초롱한 별빛을 가리운다.

며칠 전 친구 석담石潭과 하룻밤을 지냈다. 고교동창생 모임을 같이하고 간곳이 석담 별장이다. 저녁달은 유난히 밝고 별빛은 우리를 포근한 고향의 품처럼 안아주었다. 별장이야 내가 하고 싶은 일을 하며 생활하는네 불편이 없으면 그만이다. 가문家門에서 관리하는 사당朱子

廟이니 친구가 기거하기에 더 없이 좋은 곳이었다. 고향을 떠나 직장 생활을 하고 자녀를 출가시키던 친구가 서울에서 젊은 시절을 보내다가 고향에 내려와 시詩 서書를 즐기고 있으니 신선이 따로 없었다.

고향친구들을 만나면 누구나 동심으로 돌아간다. 욕지거리를 하면서도 허물이 없는 사이가 된다. 빈궁하던 시절, 도시락을 나누어 먹으며 배움의 갈증을 채워가던 시기였다. 서로의 사정을 잘 아는 터라 만나면 정겹고 눈시울은 뜨거워졌다. 여울져가는 날들을 뒤로하며 반세기만에 다시 만난 친구들이니 화두는 으레 건강이다. 몸도 마음도 건강해야 만나고 즐거움도 같이 할 수 있으니 말이다. 고등학교 50여명의 졸업생중 공부도 잘하고 기대를 걸었던 친구들도 벌써 16명이나 저세상으로 갔으니 우리 삶은 성적순이 아니지 싶다.

일찍이 서당書堂을 드나들며 붓에 물마를 날이 없던 석담石潭, 노년을 맞아 고향에서 취미생활 하기에는 안성맞춤이었다. 어려서부터 서예에 관심을 갖더니 국전 초대작가로 심사도 하고 중앙무대에서 어깨를 나란히 하던 서예계의 대가였다. 고향에 뼈를 묻고 싶어서였을까. 고희를 넘기며 붓과 함께 나날을 보내고 있으니 그만하면 넉넉한 삶이려니 싶었다. 생각이 맑고 욕심이 없는 친구는 사당祠堂을 관리하며 묵향에 젖어 산다.

여기(순창 풍산)는 내가 공직을 시작한 곳이다. 새마을사업이 한창 불이 붙던 1975년 여름, 퇴비증산, 모내기, 논두렁 콩심기까지 행정에서는 모두 실적을 우선시하며 밀어붙이던 시기였으니 매사 군사작전 하듯 순위를 매기며 정신이 번쩍 들도록 곧바로 인사에 반영하곤 했다.

실적이 항상 뒤지던 나는 '1주쯤 앞당겨 실적을 보고해야 다른 지역보다 성적이 앞설 수 있다'는 요령을 나중에야 터득하기도 했다.

달빛은 유난히 밝았다. 달이 구름속에 숨기도 하고 또 방긋이 얼굴을 내밀며 숨바꼭질을 하는 시간이었다. 눈이 시리도록 반짝이는 별빛 지난날의 아련한 추억속으로 나를 손짓 한다. 호박넝쿨이 담장을 덮고 풋고추가 주렁주렁 달빛에 반짝인다. 개구리 · 풀벌레소리 · 지렁이도 울어대는 고즈넉한 밤, 슬며시 풀꽃시인 나태주님의 시를 꺼내본다.

> 와! 밤에 피는 꽃이라니!
> 하늘의 별들이 모두 내려와
> 나무에 걸렸나보다
> 짝! 짝! 짝! 별들이 손뼉치는
> 소리도 들린다.

–나태주 「밤에 피는 꽃」 전문

초등학교 4학년 여름밤이었다. 밭에 나가 일하시던 할머니가 들어오시면 풋 호박을 썰고 수제비를 끓이셨다. 늘 양식이 부족하던 때였으니 저녁을 손쉽게 해낼 수 있는 것이 수제비였다. 마당 덕석위에 초석 두어장 펴면 멋진 방이 되었다. 풋나무로 모깃불도 피웠다. 등잔불 아래서 가족이 후루룩 후루룩 수제비 먹는 시간은 즐거움이었다. 반딧불이 날고 별빛이 유난히 반짝이는 밤, 부엉이 소쩍새 등 산짐승 소리는 자장가가 되어 할머니 품에 곤히 잠들어갔다.

고향은 변변한 놀이터도 없어 고샅이나 당산나무 밑에서 놀았고, 가을걷이가 끝나면 논에서 공차기를 하며 놀았다. 이젠 그때의 정겨운 모습도 친구도 찾아볼 수가 없으니 세월이 많이 변했나 보다. 산이 뚫리고 길도 옛길이 아니었다. 부모님도 이미 가시고 형제들도 멀리 떠나 낯선 이방인으로 문패가 바뀌어져 버렸다. 우리 나이가 그렇듯 강산도 일곱 번쯤 변했을 테니 어찌할 수 없는 일이다.

우리 삶은 흔히 마라톤에 비유하기도 한다. 출발이 좋고 중간 성적이 좋아도 끝을 잘 맺지 못하면 좋은 성적을 낼 수가 없다. 거의 종반에 이른 우리는 조심조심 후미도 살피며 마무리를 해야 할 시점이다. 몇 년 전 심장이 터질듯하여 병원신세를 진 적이 있었다는 친구의 말이 어두운 그림자가 스친다. 아무리 가까운 친구라 해도 아픈 상처만은 건드릴 수 없는 일, 반짝이는 별빛에 친구의 마음을 치유하는 고향의 밤은 깊어만 가고 있었다. (2022. 6. 30)

제4부

# 귀소

고등학교를 졸업하면서 무작정 떠났던 친구들, 이제는 돌아와 감나무를 심고 벌을 키우겠다며 전원생활의 꿈을 실현하고 있으니 아름다운 모습이다. 해 저무는 저녁이면 미물인 새도 둥지를 찾아드는데 고향만큼 포근한 곳이 어디 있으랴.

# 물에게서 배우라

물이 산곡대기 머물지 않듯 겸손은 오만과 함께 머물지 않는다
물과 겸손은 모두 낮은 곳으로 향한다. 다른 사람에게서 자기 자신
의 어리석음을 보는 것만큼 스스로를 개선시켜주는 일은 없다
겸손을 배우려면 혼자 있는 시간에 자신의 오만한 생각과 싸워야 한다

레프 톨스토이의 글 물에게서 배우라 를 쓰다 우경 이우철

# 트로트

요즘 방송계에는 트로트 열풍이다. 'TV조선'은 2019년에 '내일은 미스트롯'에서 송가인을 시작으로, 2020년도 '미스터트롯'에서는 임영웅, 영탁, 이찬원 등 탑 쎄븐을 발굴하여 시청자들의 관심을 끌고 있다. 가난과 무명의 시름을 딛고 일약 스타덤에 오른 신인들이다. 최근 방송사마다 트롯 경쟁이나 하듯 각축전을 벌이고 있다. 얼마 전 JTBC(트로트의 민족)에서 고교 2년생 김소연은

나는 가슴이 두근거려요 당신만 아세요 열 일곱 살이예요
가만히 가만히 오세요 요리 조리로
파랑새 꿈꾸는 버드나무 아래로

가만히 오세요 (이하생략) –박단마 노래 일부–

간드러진 음색으로 시청자들의 마음을 사로잡았다. 코로나19로 1년 이상을 답답해하는 시절에 낭랑한 목소리로 우리의 마음을 뻥 뚫리게 해주었다. 아름다운 선율로 듣는 이의 마음을 두근거리게 했다. 앳된 교복차림의 여고생이 이처럼 깜찍하고 아름다운 목소리를 낼 수 있을까. 그렇다. 저마다 잠재되어 있는 끼를 계발하여 이웃들에게 기쁨도 주고 즐거움을 준다면 더없는 좋은 기회가 될 것이다.

트로트(Trot)는 4/4박자를 기본으로 하는 장르다. 반복적이고 정형화된 리듬으로 한국민요에서 영향을 받은 떠는 창법이다. 일제 강점기 미국의 춤곡인 폭스트로트(Foxtrot)에 바탕을 둔 일본 엔카演歌에서 영향을 받았다고 한다. 광복이후 한(恨)이라는 한국 특유의 정서와 꺾기창법이 녹아들면서 독자적인 장르로 발전해 왔다.

이렇듯 1930년대는 가슴 아픈 우리민족의 정서를 노래로 반영해 주었다. 윤심덕의 '낙화유수', 이난영의 '목포의 눈물', '이별의 부산정거장' 황금심의 '알뜰한 당신' 김정구의 '눈물 젖은 두만강' 등이 초창기 노래들이다. 한국전쟁의 아픔을 거치며 민족의 설움과 실향민의 비애를 그린 현인의 '굳세어라 금순아' 이해연의 '단장의 미아리고개'는 민족의 정서에도 깊이 스며들었다.

1960년대 들어 하나의 장르로 굳어졌다. 이미자, 최희준, 현미, 한명숙 등 지식층의 가수들이 늘어났고 70~80년대에 들어서면서 신인가수였던 남진, 나훈아가 라이벌로 2인 체제를 이루었으며, 김수희

'남행열차', 주현미의 '내리는 영동교' 등으로 이어졌다. 1990년대 중반 무렵, 락 · 발라드 · 댄스 · 팝 · 힙합 등이 대한민국 가요계를 주도하면서 트로트는 상당히 소외되었고 트로트를 고집하던 가수들은 한동안 침체기에 접어들었다. 한동안은 어른들만 부르는 시대에 뒤떨어진 노래로 인식되기도 했다.

다시 2004년에 장윤정이 데뷔함과 동시에 '어머나'로 열풍을 일으키면서 점점 트로트가 신세대들에게도 친근하게 다가오지 않았던가. 전통국악을 하고 판소리를 하던 소리꾼들도 트롯으로 모여들었다. 가난하고 배경은 없어도 끼가 있고 성량만 좋으면 신출하여 당당히 실력을 과시할 수가 있는 좋은 기회였다. 한국인의 한恨과 멋, 웃음과 눈물을 함께 선사할 수 있었다. 간드러지게 울림을 주는 창법은 어려웠던 삶의 고비 고비를 알려주듯 눈물을 흘리기도 하고 서로 공감하며 속도 후련해졌다.

난데없는 「코로나19」로 여행이나 세계적 교류도 끊긴지 오래다. 인간관계를 소중히 여기던 우리는 대화를 하고 음식을 나누는 일도 점점 줄어들었다. 변화될 새로운 사회를 준비하지 않으면 안 될 분기점에 와 있다. 직접 대형 콘서트도 관람할 수는 없지만 화면을 통하여 즐길 수 있으니 적절한 프로려니 싶다. 마음에 위로와 기쁨을 주는 프로가 계속 개발되어 세계적인 코로나의 난국을 일상으로 되돌리기를 소원해 본다. (2021. 1. 16)

# 간호사

-하정아 님의 grace period를 읽고-

사람은 누구나 생로병사를 거치기 마련이다. 몸이 아플 때는 병원을 드나들게 된다. 간호사, 흔히 백의의 천사라 부르지만, 근무여건은 전쟁터에서 그 임무를 수행하는 병사들처럼 열악하기 그지없는 곳이 병원이다. 목숨이 경각에 달려 실려 오는 환자들을 달려가 돌보아야 하는 그들로서는 늘 긴장하며 생명을 살려내야 하는 책임이 그들에게 있기 때문이다.

최근 하정아 님의 수필집 「그레이스 피어리어드(grace period)」를 읽었다. 30여 년 전 미국(LA)으로 건너가 살고 있는 분이다. 당시 신문사와 잡지사의 편집기자로 일하면서도 1989년에는 미주 크리스찬문학을 통해 미주문학에, 1994년에는 문학세계를 통한 한국문단에도 등단하여 작품활동을 열심히 하고 있는 분이다. 뜻하는 바가 있어 간호학을 공부하고, 지금은 종합병원 수술방 회복실에서 일하면서도 병상에서 일어나는 사례를 중심으로 수많은 책을 저술하고 있다.

병동에서 일하다 보면 예상치 못한 위험에 노출될 때가 많았다. 정신이 피폐한 환자를 돌보는 일은 더욱 위험한 일이다. 겉보기는 정상인처럼 멀쩡해 보여도 어느 순간 이상한 행동을 하고 돌발적인 문제를 일으키기도 한다. 하루는 신체건강한 젊은 C형 간염환자가 의료물품을 요청하기에 무심코 병실에 들어갔다가 짐승처럼 달려드는 환자에게 간신히 위험을 모면하기도 했단다. 어떤 에이즈환자는 주사를 맞다가 갑자기 바늘을 빼서 간호사의 몸에 들이대는 일도 있었다니 이처럼 위험한 현장이 어디 있을까?

성격이 밝고 정상적인 환자들에게는 따뜻한 존경심으로 대하지만 어둡고 불평이 많은 환자들에게는 그들의 마음을 살피며 조심조심 필요에 따라 요구를 들어주어야 한다. 그 모습이 어쩌면 일그러진 자신의 모습일 수도 있으니 말이다. 라카룸에서 환자복으로 갈아입고 간호실로 가는 모습을 보면 마음이 착잡하단다. 사물함에 손가방을 넣고 신발을 바꿔 신는 환자나, 수술을 앞두고 화장을 하는 환자들을 보면 왠지 숙연해진다고 실토한다. 과연 수술대에서 내려와 안전하게 집으로 돌아갈 수 있을지 걱정이 앞서기 때문이다.

지난달 부산에 사는 사돈어른의 장례식에 다녀왔다. 평소 건강하던 분이 건강검진에서 직장암 4기라는 선고가 내려졌다. 상황이 급박하다보니 바로 입원을 하여 수술을 하게 되었고 수술과정에서 암은 급속도로 온 몸에 번져 나갔다. 온갖 정성을 다했으나 3개월을 버티지 못하고 운명하기에 이른 것이다. 이처럼 짧은 기간에 가장을 잃은 유족들의 마음은 황망하기 이를 데 없었다. 병상을 지키는 간호사들에게는 이러한 일들이 하루에도 몇 번씩 이어지고 있으니 담담해질 수밖에 없을 것이다.

먼 이국땅에 정착하면서 온갖 모험과 외로움을 각오한 분이다. 간호사의 길을 택하면서 신앙인으로서의 봉사적 신념이 깊이 뿌리박혀 있었다. 바쁜 시간을 쪼개어 밤이면 글을 쓰고 틈틈이 수필강의를 하면서도 간호사로서 철학이 뚜렷한 분이다. 환자의 몸에 손을 댈 때는 하늘을 만진다는 심정으로 존경하고 사랑하는 사람을 대하듯 한다. 그들의 인격을 존중하며 간호사의 특권을 남용하지 않는다는 것이 그 분의 신념이다.

'사람은 누구나 나이 들고 언젠가는 환자가 될 것이다. 나도 환자가 될 수 있다는 마음으로 그들을 감싸고 보듬어주는 따뜻한 안식처가 되어야 한다.' 「그레이스 피어리어드(grace period)」는 간호현장에서 일어나는 생생한 체험과 독특한 통찰력으로 엮은 글이다. 곁에서 이야기하듯 소곤소곤 풀어내는 언어의 매력이 놀랍다. 어둡고 차갑게 기술되기 쉬운 병상기록을 우아하고 따뜻한 서사적 언어로 이끌어가고 있다. 그의 소박함과 세련미로 글 속의 정경을 그림처럼 묘사하여 책에서 손을 놓을 수 없었다.

이전에는 알지 못했던 감동과 가치를 대면하면서 경험한 힐링을 함께 나누고 싶다는 그녀는 지금도 글쓰기를 계속하고 있다.

이 수필집은 임상일지를 쓰듯 생생한 병실의 현장기록이니 어디서도 볼 수 없는 간호전범看護典範이 될 것이다. 이국異國에 살면서도 아름다운 글을 쓰는 저자의 인내심과 사명감에 박수를 보낸다. (2020. 12. 27.)

# 귀소歸巢

친구들이 고향으로 돌아오고 있다. 고등학교를 졸업하면서 무작정 떠났던 친구들이다. 이제는 돌아와 감나무를 심고 벌을 키우겠다며 전원생활의 꿈을 실현하고 있으니 아름다운 모습이다. 해 저무는 저녁이면 미물인 새도 둥지를 찾아드는데 고향만큼 포근한 곳이 어디 있으랴.

나이 들면 모임도 줄어든다. 자주 만나던 친구들도 끈끈한 관계가 아니면 동호회 모임 위주로 변하기 마련이다. 그럼에도 고향을 찾은 십여 명의 친구들과는 새롭게 만나고 있다. 교실을 신축하는 날이면 벽돌을 나르고 진입로를 확장하는 날이면 동원되어 함께 비지땀을 흘려야 했다. 그동안 가족을 부양하며 자녀를 출가시키기까지 아비의 의무를 다하느라 허리 펼 날이 없었을 그들이 애틋하기도 하고 궁금하기도 하여 만나기 전까지는 마음이 무척 설렜다.

'자세히 보아야 예쁘다'고 했다. 자세히 보니 옛 모습이 떠올라 서로 얼싸안으며 반가워했다. "오랜만이네, 어떻게 지냈는가?" 말은 안 해도 그동안의 고뇌와 삶의 그늘이 얼굴에 드리워져 있었다. 뿔뿔이 흩어져 각자 자기 일을 개척해 나가느라 남모른 눈물도 많이 흘렸을 것이다. 공직에서 일하던 친구, 기업에서 일하던 친구, 또 무역업 · 출판업 등 자영업을 하던 친구 등 각자 나름대로의 한세월을 보냈다. 고향을 지키던 한 친구는 군 의회에 진출하여 의장을 지내기도 했고, 부모의 가업을 이어받아 농사를 짓는 친구들은 정년 없는 여생을 보내고 있다.

소식이 뜸한 친구들의 안부도 묻기 마련이다. 서, 최, 박 모등 친구 십여 명은 유명을 달리했단다. 공부도 잘하고 똑소리나던 그들이 먼저 갔으니 세상사는 성적순이 아닌가보다. 내 옆자리에 앉아 시도 쓰고 학생회를 이끌던 서徐모 친구는 경찰간부로 퇴직하더니 그도 2년 전에 떠났단다. 자연현상이려니 싶지만 허무하고 아쉽기만 하다. 지나고 보니 진정한 행복은 돈도 사회적 지위도 아니었다. 평범하게 고향에 살면서 만나고 싶은 사람, 하고 싶은 일을 하며 소박하게 사는 친구들이 행복해 보였다.

나는 고향과 30분쯤 거리 전주에서 산다. 친구가 부르면 달려갈 수 있는 가까운 곳으로 이사를 하여 가끔 고향마을을 들리기도 한다. 당산나무가 있고 각시탑이 있던 고향마을 각시숲은 많이 변해 있었다.

다정한 이들과 정담을 나누며 더위를 식히던 바위도 나무그늘도 없어지고 낯선 건물로 가득 차 버렸다. 물론 한 여름 밤 다리 밑에서 목욕을 하던 젊은 여인들의 모습도 이제는 찾아볼 수 없다. 두부집비지로 끼니를 때우면서도 자식을 위해 몸이 부서져라 땅을 일구시던 동네 어른들은 이제 옛사람이 되고 말았다.

당시 선생님들의 이야기는 빠질 수 없다. 우리의 눈을 뜨게 해주었고 배움의 갈증을 풀어주신 분들, 체구는 작지만 무섭게 다그치시던 S교감선생님도, 아버지처럼 따뜻하게 꿈을 키워주셨던 Y선생님도 세상을 뜨셨다. 아무리 찾아보아도 생존해 계시는 분은 두어 분에 불과했다. 그분들 덕분에 기죽지 않고 사회의 일원으로 살아 올수 있었으니 감사하기만 할 따름이다. 이야기를 나누다보니 어느 친구가 제안을 한다.

"우리 이제 은사님들을 한 번 모시면 어때?"

"그래 좋지, 더 늦기 전에 한 번 해보자구. 그래, 그렇게 하자."

사전에 약속이나 한 듯 마음이 통했다. 어려운 시절을 같이 했던 조강지처를 잊을 수 없듯이 힘들게 공부했던 그때의 추억은 오래오래 잊혀지질 않는다. 모든게 때가 있는 법, 때를 놓치면 모두 허망한 꿈에 불과할 뿐이다. 부모를 봉양하고자 하나 기다려주지 않듯이 선생님들도 마찬가지다. 나 살기에만 바빠 허둥대다 부끄럽지만 종심(從心)에 이르러서야 마음이 모아졌으니 올 스승의 날엔 꼭 실천해보자.

반백년 제갈길을 걸어갔던 친구들, 이제 숨고르기를 하며 반환점을 돌아오는 마라톤선수들처럼 결승지점에 가까이 와 있는 주자들이다.

그간 좌절하며 멈추고 싶었던 순간들이 얼마나 많았던가. 누군가를 붙잡고 하소연이라도 하고 싶었던 순간도 어디 한두번이었던가. 요즘처럼 끊임없이 일어나는 교통사고, 화재, 전염병 등 끊이지 않은 재난 속에서도 여기까지 도착한 친구들이 자랑스럽다.

인생삼여人生三餘, '인생에서 여유로운 시간은 하루 중에 저녁시간이요, 일 년 중에는 겨울철이요, 일생가운데는 노년이라.'는 뜻이다. 노년의 삶은 그 인생을 완성하는 기간이다. 이따금 가실 날 멀지 않은 선생님들을 모시고 학창시절 혼이 나던 얘기도 나누며 웃고 싶다. 노년에 소박한 꿈을 실천하며 아름다운 여생을 보내기 위해 귀향한 친구들의 귀소담歸巢談을 들으며 하얀 밤을 지새우고 싶다. (2021. 4. 15)

# 폐교에 피는 꽃

자기가 하고 싶은 일을 하며 사는 일은 즐거운 일이다. 시간을 아무리 투자해도 지치지 않으며, 온 정성을 쏟아 부어도 아깝지 않는 일, 곧 성공이요 행복으로 가는 길이다. 보통사람들의 꿈이요 소박한 희망이기에 목마르게 그 길을 찾아 헤매는지도 모른다. 퇴직을 하며 10년을 하루같이 의지를 불태우며 제2의 삶을 일구어낸 처남을 보며 느낀 소회를 올려본다.

새봄을 맞아 구절초공원 어귀에 아름다운 쉼터가 문을 열었다. 전주에서 30여분 달리면 갈수 있는 곳, 옥정호를 끼고 위에서 냇물이 흐르며 출렁다리와 짚라인이 설치되어 4계절 관광지로 발돋움하고 있다. 아침마다 호수에서 피이오르는 물안개와, 햇살에 반짝이는 물결은 눈을 부시게 한다. 숲속에서 노래하는 새들의 향연은 신비롭기까지 하다. 모든 일이 그렇듯 누군가 앞장서 토대를 일구는 사람이 없으면 원하는 목표를 이룰 수 없을 것이다.

30년쯤 되었을까. 처남은 네명의 친구들과 함께 폐교를 매입했다. 옥정호가 있는 청정지역에 무엇이든지 할수 있으려니 싶었을 것이다. 처음엔 의욕이 앞서 모두 앞장섰지만 막상 일을 시작하려니 쉽지 않았을 터, 일년 이년이 지나며 서로 마음의 온도는 식어갔고 친구들은 하나 둘 빠져나가기 시작했으니 결국 처남 혼자 남게 된 것이다. 그도 그럴것이 확실치 않은 미래를 위해 막대한 자금과 희생이 요구되었으니 여럿이 합자하여 의견을 모으기란 더더욱 어려운 일이었다.

다행히 상수원보호구역에 대한 규제도 조금씩 풀려가고 있었다. 막대한 자금을 들여 매입한 폐교를 무작정 방치할 수는 없었으며 결단이 필요한 시기가 되었다. 여전히 자금조달여부와 사업투자의 불확실성은 풀기 어려운 숙제였다. 산속에 자금을 투자하여 수익을 전망한다는 것은 어려운 일이요 여전히 모험이었다. 이일은 오직 처남에게 주어진 십자가요 혼자서 결단하지 않으면 안되는 일이었다. 밤이면 밤마다 계획을 세우고 밑그림을 그리며 하얀 밤을 수없이 보냈으리라.

당시 잘 나가던 직장(KT 임원급)을 50대 초반에 벗어던지고 홀로서기를 시작한 처남은 먼저 학교인근에 작은 집을 마련하였다. 혼자서 의식주를 해결하며 한가지 목표를 위해 고행이 시작된 것이다. 앞마당 비닐하우스에 채소를 심고 김치를 담아먹는 일은 당연한 일이었다.

저녁으론 인근주민들과 족구도 하고 친교를 나누며 그들과 한 살이 되려 무진 노력도 했다. 도시에 살다가 갑자기 농촌으로 뛰어들어 생활하려니 곱지 않은 시선에 물과 기름처럼 작은 일에도 벽에 부딪칠까 걱정이었으리라.

준비된 선수에겐 실패가 없는 법, 시간이 날때마다 농업기술원에서 관련된 기술을 배워갔으며, 조경, 목공, 용접과 디자인, 야생화 재배, 커피숍운영 등, 폐교개발을 위한 준비작업을 시작한 것이다. 틈틈이 현장에 나가 무너진 언덕을 보수하고, 나무와 야생화를 심어 미래를 향한 주변조경에 관심을 기울였다. 운동장엔 성인을 위한 정원골프연습장과 산책로도 만들고 청소년들의 체험학습을 위한 야영시설도 꾸며나갔다. 자금실정도 쉽지않으니 중장비를 쓰는 일 외에는 순수한 자력으로 온 정성을 쏟아부은 셈이다.

폐교건물은 이미 주저앉았으니 이를 헐어내고 문제는 건물을 세우는 일이었다. 코로나19로 인한 팬데믹(Pandemic) 상황에서 물가는 계속 치솟고 있었으며 필요한 재원을 마련하기란 그저 막연할 뿐이었다. 특히 건물을 세우기 위해서는 많은 자금이 필요했으니 높기만 하는 은행문을 두드리며 애간장이 녹았을 것이다. 운동장 한쪽엔 숙박이 이루어지도록 돔 형태의 조립식건물(펜션) 3동을 설치하여 체류형 단체행사도 가능하도록 했다.

폐교복구에 매달리기를 10년, 끈질긴 의지와 집념으로 처남은 해냈다. 우뚝 솟은 위치에 멋진 건물이 들어서고 옥정호를 바라보며 찻잔을 기우리는 마음은 더없이 평화가 깃들었다. 구절초가 어우러지는 가을이 되면 온 땅에 흰눈이 쌓이듯 아름다움은 더할 것이다. 옥정호를 바라보며 구절초축제장 어귀에 이처럼 멋진 공간이 세워졌으니 숲속의 허파와 같은 역할을 하게 될 것임은 분명하다. 도시 학생들의 체험학습 현장으로도 이용하게 될 것이다,

어두울수록 불빛은 멀리보이는 법이다. 어렵게 완성된 쉼터의 야경은 한 폭의 그림과 다를 바 없었다. 아무리 둘러보아도 커피한잔 마실 수 없는 깊은 산골에 아늑하게 자리잡은 "구절초 오브제"는 상시 예술작품을 감상하며 차향에 빠져들 것이다. 섬진강 원류 옥정호 어귀에 자리잡은 숲속의 쉼터는 전국의 명소로 거듭나기를 소망해본다. 폐교에 피는 꽃, 직장을 은퇴하고 제2의 인생을 시작하면서 처남이 흘린 피와 땀은 헛되지 않을 것이다. (2022. 4. 23)

# 학산이 주는 행복

매일아침 아내와 함께 학산을 오른다. 도시에 이처럼 갈 수 있는 산이 있으니 즐거운 일이다. 송정서미트를 지나 망태저수지에는 아침을 즐기는 이들의 발길이 끊이질 않는다. 누가 돌보거나 가꾸지 않아도 철따라 옷을 갈아입는 산은 스스로 변화하면서 수천년을 이어온 전주의 심장이나 다를 바 없다.

중턱을 넘어가면 전주 미래유산으로 지정된 보광재가 나온다. 교통사정이 열악했던 시절 완주 평촌사람들은 이 길로 전주까지 시장을 다녔던 곳이다. 촌부들은 거친 숨을 몰아쉬며 지게로 짐을 날랐고 채소를 팔아 어려운 생계를 이어 갔으리라. 수레도 다니며 선조들의 땀방울이 어린 산길, 심승이 우글거리고 강도들의 은거지이기도 했을 것이다.

학산은 학의 날개를 닮았다하여 붙여진 이름이다. 남고산을 줄기로 병풍처럼 두르고 있는 산의 지형은 아늑하고 평화스럽기 그지없다. 눈, 비가 와도 태풍이 몰아닥쳐도 방패막이가 되었고 예기치 않는 재해를 막을 수 있었다. 가까운 곳에 모악산이 있고 나들이하기 좋은 강천산으로 이어지고 있으니 노년에 은퇴자들이 몰려드는 지역이다.

등산은 진땀을 빼는 한고비쯤 있어야 맛이 있다. 보광재에서 능선을 따라 오르면 한고비 깔끄막길이 나온다. 숨이 가쁘게 오르면 등짝에 진땀이 젖는다. 내려올 것을 뻔히 알면서도 뱃살을 줄이고 건강을 위하는 일이니 참고 견뎌야 한다. 때론 중단할까 돌아갈까 갈등이 앞서지만 어디 등산뿐인가. 일이 풀리지 않을 때마다 그렇듯 그 고비를 참고 넘기면 내리막길처럼 순탄하게 풀려지기도 한다.

정상에 오르니 상쾌한 바람으로 몸은 날아갈듯 가벼워진다. '구구욱구구' 산 비둘기 울음소리는 정겹고, 보랏빛 철쭉꽃이 만발해 있다. 코로나 역병 때문에 마스크를 쓴 사람들이 오르내리지만 눈으로만 가볍게 인사를 한다. 어디 낙원이 별것이던가? 몸속의 묵은 찌꺼기를 땀으로 흘려보냈으니 보약을 매일 한 첩씩 먹은 셈이다.

아내도 제법 선수가 되었다. 처음엔 중간에 포기하고 내려가기를 반복했지만 이젠 쉬지 않고 정상까지 오를 수 있으니 장족의 발전이다. '혼자가면 빨리 갈 수 있지만 함께 가면 멀리갈 수 있다'고 한다. 그간 묵은 이야기도 자연스럽게 하게 되고 서로를 이해할 수 있으니 가정이 평화스러워졌다. 부부중 누구라도 건강하지 못하면 가정의 분위기는 불안해지기 마련이니 나이 들수록 함께 건강해야 한다.

능선을 따라 정수장방향으로 내려오면 소나무가 숲을 이룬다. 공기는 맑고 몸은 피곤해도 마음은 여유롭다. 도시에 살면서 어찌 욕심을 다 채울 수 있을까만 가까운 곳에 산이 있고 계곡에 물이 마르지 않으니 노후에 이만한 곳도 없으려니 싶었다. 마음이 답답할 때, 글을 쓰다가 생각이 막힐 때 숲이 있고 훌쩍 떠날 수 있는 학산이 있어 행복하다. (2020. 6. 25. 전북일보 금요수필)

# 하피첩

조선후기의 실학자 다산茶山선생은 한국의 자랑이요 자존심이다. 갑자기 정조가 죽자 황사영백서사건으로 천주교도 일백여명이 처형되고 다산일가는 폐족의 수모를 당해야 했다. 사약이 언제 배달될지 모르는 상황에서도 다산은 목민심서, 경세유표 등 600여권의 책을 저술하며, 부모의 도리를 다하려는 그 간절함은 오늘날 아버지들에게 울림을 준다.

다산이 자식들에게 보낸 편지는 하피첩霞帔帖이다. '저인 듯 안쓰럽게 보시고 한시라도 다른 생각은 품지 말고 살아 달라' 며 부인 홍씨가 시집 올 때 입었던 붉은 치마를 남편에게 보내준다. 빛바랜 치마가 노을빛 같다하여 하피霞帔라 했으니 아내의 쓰린 마음을 헤아려 자식들에게 보내는 편지서로 활용하였다. 유배생활을 하며 삼엄한 감시 속에서도 자녀들에게 훈계와 당부의 글을 수시로 보내주었으니 주요내용은 다음과 같다.

첫째는 근勤과 검儉이다. '내가 벼슬하여 살면서도 너희들에게 물려줄 밭뙈기 하나 장만하지 못했으니 오직 정신적인 부적符籍 두 글자를 마음에 새기며, 가난을 벗어나도록 하라. 한 글자는 근勤이요, 또 한 글자는 검儉이다. 아무리 써도 줄지 않으니 일생동안 다 쓰지 못할 것이니 부지런하고 검소하게 사는 것이 바로 명문가를 만드는 위대한 길이라'고 당부한다. 부모는 자녀들에게 가장 든든한 후원자요, 버팀목이다. 어떠한 어려움에도 자녀들이 곁길로 빠지지 않았던 것은 이처럼 아버지의 간절한 소망을 저버리지 않았으리라.

둘째는 서울에서 살아라. '내가 죄인이 되어 아직 시골에 숨어서 살게 하였다만, 앞으로 너희는 오직 서울의 10리 안에서 살아야 한다. 만약 집안의 힘이 쇠락하여 서울 복판으로 깊이 들어갈 수 없거든 잠시 서울 근교에 살면서 과일과 채소를 심어 생활을 유지하더라도 재산이 조금씩 불어나면 반드시 도시 복판으로 들어가도록 하라.' 예나 지금이나 서울은 기회의 땅이다. 사람과 물질이 몰려들고 산업이 도시로 집중하다보니 서울을 중심으로 발전하여 갔다. 정보는 물론 부富를 창출할 수 있는 기회도 역시 서울이었다. '가난해도 부자의 줄에 서라'는 것이 탈무드의 정신이 깃들어 있다.

셋째는 나라 걱정이다. '임금을 사랑하고 나라를 근심하지 않으면 시詩가 아니요, 시대를 슬퍼하고 세속을 개탄하지 않으면 시가 아니다. 높은 덕을 찬미하고 나쁜 행실을 풍자하여 선을 권하고 악을 징계한 것이 아니면 시가 아니라'는 시詩 정신을 큰아들 학연에게 당부했다.

강진으로 유배온 지 2년, '갈밭마을 어떤 백성이 아이를 낳았는데 사흘 만에 군적軍籍에 오르게 하여 군포명목으로 소를 몰고가버렸다. 그 사람은 칼을 뽑아 내가 이것 때문에 곤욕을 치른다며 자기 양경陽莖을 잘라버렸다. 아내는 피가 뚝뚝 떨어지는 남편의 양경을 들고 군청으로 가 소를 돌려달라고 호소했지만 이를 거부하며 내쫓아버렸다'는 애절양哀絕陽 일화는 가슴을 쓰리게 한다. 항상 약자의 편에서 생생한 당시상황을 글로 전하고 있다. 농민들의 울부짖는 원망 소리를 듣는 듯하다.

넷째는 딸에게 주는 두 폭의 매조도梅鳥圖 그림이다. 한 폭은 시집간 딸에게 소병풍을 만들어 보내주었다.

훨훨 날아온 새 매화가지에 쉬고 있네/ 매화향기 짙게 퍼져 향기 찾아 날아왔으리라/ 부디 여기 머물러 가정이루고 행복하게 살거라/ 꽃은 이미 만발했으니 열매또한 넘치리라.

멀리서 유배생활을 하면서도 어린 딸이 시집을 간다니 아버지 가슴이 얼마나 설레고 기뻤을까. 한사람의 아내이자 어머니로 화목하게 잘 살아가기를 바라는 아버지의 마음이었으리라.

또 한 폭은 유배생활중 다산을 그림자처럼 돌보아주던 홍임 모母가 딸을 낳아 기쁨을 주기도 했는데, 그 딸 홍임이 시집을 가면 주기로 하여 보관하였다가 비구니가 되어 출가出家하는 바람에 전하지 못하고 현재는 고려대 박물관에 소장되어 있다고 한다.

자식은 부모의 모습을 보며 닮아가기 마련이다. 18년간 유배생활 중에도 자식들을 반듯하게 교육시키며 가학家學을 전수하는 일은 쉽지 않은 일이다. 후손에게 물려줄 수 있는 가장 위대한 유산은 물질이 아니라 정신이라 했으니 다산의 큰아들 학연은 추사 김정희선생과 교분을 나눌 정도로 문장과 의술에도 이름을 날려 사옹원司饔院의 품계에, 둘째 학유는 '농가월령가' 저자로 활약하였다. (2021. 2. 27)

# 행복의 종소리

주변에 강물이 흐르는 것을 보면 마음이 편안해진다. 아침햇살에 반짝이는 윤슬의 신비함이라니, 같은 신앙생활을 하면서도 남모르게 가슴앓이를 하며 걱정에  쌓여있는 성도들이 의외로 많이 있다. 이들에게 다가가 속사정을 들어주고 그들의 필요를 채워주며, 수많은 단체활동에 헌신한다는 일이 말처럼 쉬운 일이던가.

우리부부는 지난해부터 「세종행복교회」에 나가고 있다. 세종은 지방의 균형발전을 위해 정부주도로 새롭게 만들어진 도시다. 어디를 가도 실개천이 있고 숨쉴수 있는 작은 공원이 있어 아름다운 휴식처요 살고 싶은 곳이다. 이곳에 교회가 세워진지 불과 6년, 아직 어린아이나 다름없는 작은 교회이지만 주변에 정부청사가 들어서고 젊은이들이 모여들다보니 성도들도 젊고 활동적인 분들이 몰려들었으며 생동감이 넘치는 교회로 성장하고 있다.

사람이 모이는 곳에는 다양한 재능을 소유한 분들이 있기 마련이다. 이곳 역시 어린 아이들로부터 어른에 이르기까지 여러 재능을 가진 성도들이 많아 활기가 넘쳐났다. 악기에 소질있는 아이들, 컴퓨터를 잘 다루는 사람, 사진 촬영은 물론 속기速記에 재능있는 사람도 있어 목사님 설교내용은 물론 새로운 성도들의 활동 영상까지도 밴드에 자세히 올려준다. 아이들과 젊은 엄마들이 많아 생동감이 넘치며 목회자를 도울 수 있는 은퇴하신 목사님도 있어 큰 힘이 되고 있다.

모든 일이 그렇듯 단체활동에는 활력을 불어넣고 불을 붙이며 앞장서는 사람이 있어야 한다. 교회의 중심에 L님과 그 가족이 있으니 보물과 같은 존재다. 온 가족이 한 뜻으로 뭉쳐 교회를 돌보며 예배시간이 되면 L님은 으레 일찍 나와 찬양과 예배를 인도한다. 두 딸은 바이올린, 플룻을 연주하며 예배분위기를 신나게 이끌어가고, 아내는 입구에서 오는 사람마다 한분 한분의 손을 잡고 안부를 물으며 정감을 북돋운다. 혹 결석하는 사람이 있으면 스스로 방문하여 그 가정을 살피곤 한다.

지난여름 불볕더위가 계속되던 안식일오후, L님의 집에서는 두 딸의 침례식이 있었다. 매미가 울고 숲에서는 산새들이 한가로이 노니는 전원주택이다. 팬데믹(Pandemic) 상황이라 조심스런 상황이지만 어렵사리 식사자리가 마련한 것이다. 잔디밭에 텐트를 치고 탁자 의자를 설지하니 큰 행사장 같았다. 여집사님들은 함께 호박죽과 국수를 끓이고 전을 붙이며, 맛있는 음식을 준비하고 있었다. 어느새 훌쩍 커버린 두 딸의 침례식을 준비하며 두 부부는 마냥 싱글벙글했다.

40여명이 넘는 성도들과 맛있는 식사를 마치고 잔디밭에서는 엄숙한 침례식이 이어졌다. 고사리같은 아이들은 악기를 연주해주었고 찬양을 부르는 성도들의 눈가에는 이슬이 맺혔다. '이 샘에 죄를 씻으면 정하게 되겠네' 성스러운 음악이 울려 퍼졌으며 '내 사랑하는 딸이니라' 하나님의 음성이 들리는 듯 했다. 열 아들 부럽지 않게 키우겠다며 일찍이 입양하여 '가슴으로 낳은 특별한 딸들'이다. 성장해서도 외롭지 않고 행복하게 살기를 바라는 마음으로 악기를 가르치고 있다. 정작 자신에게는 투자하지 못하면서도 '아빠 엄마가 건강할 때 부지런히 배우라'며 엄마는 응원한다.

농사일을 하는 남편은 병원에 간호사로 일하는 아내와, 중학교에 다니는 두 딸의 등하교에 손발이 되어준다. 논밭에 채소를 심으면 교인들과도 나누어 먹는다. 지난 가을엔 옥수수를 삶았다며 교회 나이 드신 분들의 집에 일일이 나누어주고 우리 집에도 현관문에 걸어놓고 가셨다. 따끈따끈한 옥수수를 전해주는 그분의 다함없는 사랑에 머리가 숙여진다. 아내는 간호사의 재능을 발휘하여 틈만 나면 아픈 사람을 찾아 주사도 놓아주고 보살피며 재능기부를 아끼지 않는다.

요즘 진행되고 있는 성전이야기는 빼놓을 수가 없다. 교회 문을 연지 얼마 안된 작은 교회에서 새 성전을 건축한다는 일은 무모한 도전이었다. 교회의 문을 두드리며 들어온 신자들이 자리가 없어 출석을 중단하는 일이 계속되었으니 가슴 아픈 일이었다. '예배드릴 자리가 없다 새 성전을 신축하자'는 의견이 여기저기에서 나오기 시작했다. 코로나19상황에 건축자재는 계속 오르고 있었으니 갈수록 성전건축은 더 어려워질 것이라 판단했기 때문이다.

성전부지는 이미 합회에서 마련해 놓았으니 설계를 내고 교회건축의 기회만 오기를 기다리던 터였다. 자금은 턱없이 모자라지만 마음을 모아 하나님께 간구할 뿐이었다. 2021년 2월부터 새벽 · 정오기도회를 시작하여 성도들의 마음을 하나로 모아갔으며, 지난해 5월 16일 기공식을 시작으로 공사는 시작된 것이다. 막상 시작은 했지만 마음은 떨리고 두려움이 앞섰다. 공사가 진척되면 될수록 애가 타고 피가 마르는 상황은 계속되었다. L님은 10여년 기른 정원수를 팔고 집과 땅을 담보로 대출을 받아 내놓았으며, 성도들도 다섯 차례에 걸쳐 눈물어린 헌금추가약정이 이어졌다.

그동안 전 교인들이 가슴앓이를 하고, 이명耳鳴현상으로 고통을 감내해야 했던 권수진 목사님의 아픈 추억은 잊을 수가 없다. '합심하여 선을 이루리라(롬8:28)' 는 말씀에 따라 함께 기도하며 힘을 모아준 성도들이 자랑스럽고 각지에서 도움을 주신 모든 분들께 감사를 드린다. 아직도 갈길이 멀지만 하루속히 완공되어 세종교회 행복의 종소리가 널리 울려 퍼지기를 소망해본다. (2022. 6. 30)

PS: 성도들이 꿈에 드리던 '새성전건축'을 어렵게 완공하여 2023. 2. 4. 입당예배를 앞두고 있다. 세종지역에 영혼구원을 위한 방주로 사용될 것이다.

## 제5부

# 산다는 것

주변에서 하나 둘 멀어져 간다. 어떻게 살아야 할지 늘 고민하지만 특별한 묘방이 있던가. '산다는 것' 누구도 정답을 내릴 수 없는 숙제, 이 땅을 창조하신 하나님께 의지하며 살 일이다. 영원히 살 것처럼 움켜쥐며 살지만 어떻게 살아야 할지를 미처 깨닫기도 전에 삶을 마감하곤 하는 게 우리의 삶이다.

아침에 나로 하여금

주의 인자한 말씀을 듣게 하소서 내가 주를 의뢰함이니이다 내가 다닐 길을 알게 하소서 내가 내 영혼을 주께 드림이니이다

시편 백사십삼편 팔절

우경 이우철

# 1박 2일

가까운 벗들과 함께하는 여행은 즐거운 일이다. 팬데믹 상황에서 2년 이상을 답답하게 지내고 있으니 어디론가 훌쩍 떠나고 싶은 마음이 간절하였다. 새로운 환경을 찾아 여가를 보내는 일은 일상에 의욕을 주며 에너지를 충전하는 기회이리라. 산등성이를 넘고 관심지역을 돌면서 몸은 피곤해도 내가 가보고 싶은 곳 바라던 일이니 만족도는 무엇과도 비교될 수 없는 기쁨이다.

낯선 곳으로 이사를 하며 친구를 사귀고 관계를 맺는 일은 부단한 노력이 필요하다. 좋아하는 일, 관심사를 서로 나누며 동반자를 만나는 일은 나에게 주어진 몫이다. 학원에 나가 붓글씨도 쓰고, 문학회에도 가입하여 활동하기도 하지만 어디 허허로운 마음을 다 채워줄 수 있을까. 매주 2~3회씩 만나며 평생 교감을 나누는 믿음의 가족들은 더없이 좋은 버팀목이요 힘이 되었다. 어디를 가든 신앙안에 있으면 한 형제요 친구이기 때문이다.

며칠 전, 세가정이 영주, 안동을 다녀왔다. 마음먹고 가기는 이번이 처음이다. 영주는 최초 사액서원인 소수서원이 있고 천년고찰 부석사가 있다. 안동은 조선시대의 사회구조와 독특한 유교적 성향의 정자亭子, 정사精舍, 서원書院 등 전통적 주거문화와 유교적 양반문화를 잘 보여주는 지역이다. 여행은 누구와 가느냐에 따라 대화의 주제도 의미도 달라지기 마련이다. 아무리 오랜 신앙생활을 한 사람들이라 해도 개인적 삶을 자연스럽게 털어놓기란 쉽지 않은 일이다.

L장로님은 세종의 벽지에 살면서도 두 딸을 입양하여 정성껏 가르치는 분이다. 어느 날 저녁 예배에서 큰 딸은 바이올린을 연주하고 작은 딸은 플룻을 연주했다. 아빠는 기타를 치며 엄마는 육성으로 찬양을 하는 모습은 하늘을 울리는 감동의 시간이었다. 아이들이 주는 어려움보다는 받는 기쁨과 행복이 더 크다고 자랑한다. 교회 새 성전을 짓는데도 많은 사재를 털어 모범을 보이며 돌보시는 장로님은 교회의 표상이 되고 있다.

또 한분은 S장로님부부다. 내외 모두 전배우자와 사별하여 만난 부부로 하나의 가정을 이루기까지 얼마나 힘들었을지는 아무도 모를 일이다. 대부분 사별의 가정을 보면 경제적 어려움을 당하기 마련이고, 자녀양육은 물론 시부모와의 관계 등 풀어나가야 할 일이 한두 가지가 아닐 것이나. 육십이 넘었음에도 서로의 처지를 이해하며 신혼부부처럼 아름답게 살아가는 그분들이 존경스럽기 까지 했다.

우리가 머물렀던 숙소는 풍기읍에 있는 '물소리펜션', 뒤편으로 소백산이 병풍처럼 둘러있고 계곡에 흐르는 물소리는 그치지 않는 곳이었다. 새소리 물소리 바람소리까지 안락함을 더하여 준다. 과거 유생들이 이처럼 산좋고 물좋은 곳을 찾아다니며 안빈낙도의 꿈을 키웠으리라. '먹는데서 인심난다'고 저녁준비는 각자 집에서 준비해 온 음식을 펼치니 진수성찬이 되었다. 코로나로 소원해진 관계가 오랜만에 풀리는듯하여 모두 즐거운 시간이었다. 또 모두가 참여할 수 있는 윷놀이판을 벌이며 지친 땀을 훔쳤다.

다음날 일찍 찾아간 영주 부석사浮石寺는 신라신문왕 16년(676년) 의상대사가 왕명을 받들어 창건하고 화엄의 가르침을 폈던 곳이다. 일주문을 지나 펼쳐지는 은행나무길은 천왕문, 안양루를 거쳐 무량수전無量壽殿까지 이어졌다. 국보18호인 무량수전은 정면5칸 측면3칸의 부석사 본전으로 우리나라의 가장 아름다운 목조건물중 하나로 꼽힌다. 화엄 10대사찰중 하나로 성지순례를 다니는 분들은 무량수전 배흘림기둥을 우선시한다. 천년고찰답게 장엄하며 그 기세는 아름답기 이를데 없다.

또 가까이에 있는 소수서원紹修書院은 퇴계 이황李滉이 풍기군수로 부임하면서 1550년(명종5) 왕에게 소수서원이라는 친필 현판을 받아 최초의 사액서원賜額書院이 되었다. 토지와 노비를 하사받고 면역의 막강한 특권을 가진 서원이다. 안동의 도산서원 병산서원 묵계서원 등 서원이 난립되어 대원군때 47개 서원만 남기고 서원철폐령을 내린바 있다. 이로 인하여 대원군은 몰락의 길을 걷게 되었지만 당파로 인한 폐해를 없애는 그의 치적을 묵과할 수 없다.

안동 하회河回마을은 낙동강이 S자 모형으로 마을을 감싸고 흐르는 곳이다. 풍수 지리적으로 조선시대부터 사람살기에 가장 좋은 곳이라 했다. 이 마을에는 서민들이 놀았던 하회별신굿 탈놀이와 선유불줄놀이가 현재까지 전승되고 있으며 우리나라의 전통생활문화와 건축양식을 잘 보여주는 문화유산이다. 2010년 7월 경주 양동마을과 함께 유네스코 세계유산으로 지정되었단다. 이번 선비의 고장을 돌아보면서 우리도 마치 선비가 된 기분이었다.

인간은 누구나 관계 속에서 살아간다. 부모형제는 스스로 선택할 수 없지만 친구나 이웃은 자신의 선택에 달려있다. 그래서 그 친구를 보면 그 사람을 알 수 있다고 했듯이, 평생 신앙을 하며 삶을 이야기할 수 있는 기회가 만들어주신 하나님의 은혜에 감사드리며, 서로 믿음 안에서 항상 행복하길 기원한다. (2022. 6. 10)

# 생업生業

'생업이 없으면 떳떳하지 못하여 방벽사치 할수 있으니 생업을 가지라' 맹자 등문공편에 나온 글이다. 일정한 생계가 안정되지 않아도 항상 변치않는 올바른 마음가짐을 견지할 수 있는 사람은 오직 선비만이 가능한 것이라 한다. 사람이 장성하면 부모를 떠나 가정을 이루어 자립할 수 있어야 떳떳한 삶을 이어간다는 이야기다.

'기회는 평등하게, 과정은 공정하게, 결과는 정의롭게' 문재인대통령의 후보시절 대표적인 공약이다. 큰 배경없이 자신도 열심히 노력하여 사법고시에 우수한 성적으로 합격하였지만 법관의 자리에 오르지 못하고 오랫동안 민변활동만 하고 있었으니 정의가 바로서는 사회를 꿈꾸어 왔을 것이다. 자신의 위치에서 최선을 다하고 결과를 기다리는 것은 당연한 일이요 노력하는 자들에게는 희망과 꿈이려니 싶다.

과거 공직에 있을 때였다. 공무원을 선발하는 방법은 공개채용과 특별채용이 있다. 일반적으로 공개채용을 원칙으로 하지만 부득이한 경우에 한하여 특별채용의 문을 열어두고 있다. 전문성있는 외부 인사를 활용하기 위해서다. 자치단체의 장이 선거에 의해 선출되고 그 권한이 증대되면서 특별채용은 늘어나고 있었으며 비리의 온상이 되기도 했다. 그 이면에는 배경과 스펙이 작용했음은 물론이다.

요즘 젊은이들에게 취업의 기회는 갈수록 좁아지고 있다. 산업사회 이후 중국이나 동남아에서 값싼 노동력이 유입되다보니 일자리는 많이 줄어들었고, 취업이 늦어지다 보니 결혼도 출산도 뒷전으로 밀려나기 마련이었다. 요즘처럼 취업하기가 어려운 형국에도 한길을 가다보면 길이 생기고 준비한 자들에게 기회는 찾아오기도 한다. 새 정부 들어 '블라인드 채용' 효과 인듯 싶다. 더구나 역병(코로나19)으로 경제가 막히고 있으니 말이다.

모처럼 마음을 시원하게 하는 처조카의 합격소식이다. 처남 아들이 한국과학기술기획평가원에 연구원으로 합격했다고 하니 기쁜 소식이 아닐 수 없다. 우수한 대학을 나오고 스팩이 튼튼한 실력자들이 몰려들었음에도 그 틈새를 뚫고 합격의 영광을 안은 것이다. 처남부부는 얼굴에 웃음꽃이 피어왔고 기쁨의 눈물을 글썽이고 있었다. 그간 조카의 피나는 노력으로 그 결과를 가져왔음은 잘 아는 사실이지만 요즘 노력만 믿고 사는 사회이던가.

기회와 과정이 무시된 채 결과만을 중시해서는 안된다. 기회는 공평하게 주어져야 하며 과정은 공정해야 한다. 외부의 영향력에 따라 자리가 만들어져서도 안된다. 힘없는 약자들에게도 기회는 공정하게 주어져야 한다. 모처럼 시작된 블라인드 채용(Blind hiring)이 뿌리를 내릴 수 있도록 제도적 장치를 빈틈없이 만들어가길 바란다.

처남댁은 아들의 합격소식에 자작시 '입춘'을 발표하였다.

'하늘빛 햇살 받아 봄기운 피어나고
연두빛 물오름에 순수한 가슴이여
입춘은 바람결타고 내 마음에 스미네'

–김지인『입춘』전문에서

이 얼마나 기다림의 노래인가. 햇살 받아 봄기운이 피어나듯 새해 들어 더없는 바람이었을 것이다. 손이 시리고 찬바람이 이는 모진 겨울을 견디며 살아온 처남부부는 살얼음을 밟듯 열심히 살아왔다. 어려운 환경에서도 아들의 앞길이 잘되기만을 소망했던 엄마가 이제야 입춘을 맞아 연두빛 나무에 물이 오르듯 스미는 마음의 감동이 기쁨의 눈물을 흐르게 했을 것이다.

모든 일은 나로 인해 인연을 맺기 마련이다. 나의 일, 자녀들의 일이 풀리지 않으면 아무리 좋은 일을 보고도 그다지 기뻐할 수 없는 일이다. 자신이 승진하고 발전하는 것도 중요하지만 나이 들다 보면 자녀들의 일이 더 중요했고 염원하던 바람일 것이다. 그 바람이 풀리면서 걱정은 사라지고 든든한 버팀목이 되어간다. 부모는 무거운 숙제를 마치는 것처럼 한숨 돌리기도 한다.

예나 지금이나 마음이 떳떳하려면 생업이 있어야 한다. 요즘 정치인들도 생활이 어려우면 백성들에게 그물질을 하기 마련이었다.

(2020. 4. 10)

# 막말과 선거

봄기운을 느낄 겨를도 없이 꽃잎이 지고 있다. 아침 산길 어젯밤 내린 비로 산벚꽃 꽃가루가 하얗게 뿌려져 있다. 신혼부부를 위해 깔아놓은 양탄자처럼 사뿐이 즈려밟고 가라 한다. 예기치 않은 코로나선거를 치르며 마음고생이 심했을 우리, 무사히 깊은 터널을 빠져나오듯 한숨을 돌리니 마음은 잔잔해진다.

제21대 국회의원선거가 끝났다. 180석을 차지한 민주당의 압승이다. 조금 예상은 했지만 이처럼 압도적인 지지를 보내리라고는 생각하지 못했다. 여와 야는 물론 당선자도 낙선자도 큰 부담과 충격을 받았을 것이다. 정치초년생이 전직 서울시장을 이기고, 5선급 원내대표를 무너뜨리는 이변이 여기저기서 일어났다. 역병과 싸우면서도

66.2%의 투표율을 보인 것은 그만큼 신선한 변화와 새로운 물결이 출렁이기를 기대했으리라.

국회는 국민을 대표하는 기관이다. 법률을 제정하고 예산안을 심의하며 주요정책을 논의하는 최고 의사결정기관이다. 그들의 임무요 당연한 기능을 성실이 수행해야 한다. 이를 위해 어느 나라에서도 볼 수 없는 수많은 특권을 부여해 주었다. 회기 중에는 채포 구금할 수 없는 불채포특권, 면책특권이 주어진다. 이 외에도 특혜와 권한은 이루 말할 수가 없다. 그만큼 국가와 지역을 위해 열심히 일하라는 열망이 담겨져 있다.

지난 20대 국회는 최악의 국회라 할 만큼 막말이 난무했다. 정치뉴스를 보면 가슴이 답답하고 머리가 욱신거렸다. 이미 국민적 심판을 받은 세월호사건이나 5 · 18광주 민주화운동에 대하여 악담을 하며 싸우는 모습을 보면 '우리 수준이 겨우 이 정도란 말인가?' 한숨이 나왔다. 자신들이 법안을 만들고 통과시킨 법률안을 부정하며 싸우는 꼴이다. 이를 통제할 방법은 4년마다 치르는 선거뿐이었으니 몹시도 지루했다.

촛불은 촛불일 뿐이지 바람 불면 다 꺼진다. (김*태)
5 · 18은 민주화운동이 아니라 폭동이다. (이*명)
이들이 의상자라도 되는가. 시체장사 하려한다. (김*례)

대통령은 탄핵으로 불러났는데 국회는 그대로였다. 촛불민심으로 문재인 대통령이 들어섰지만 여소야대의 국회상황에서 조용할 날이 없었다. 장관임명, 법률안 심의, 예산 등 안건이 있을 때마다 큰소리가 나고 무사히 넘어가는 일이 없었다. 금쪽같은 대통령의 임기 3년을 훌렁 넘겨 버렸으니 이제 남은 임기는 2년에 불과하다. 아무리 인정이 메마른 사회에서도 정권초기에는 일정기간 배려해주는 것이 도리가 아니던가?

이번 선거를 통해 막말 정치인들은 많이 교체되었다. 아직도 그들이 남아있다면 다음 기회를 기다려야 한다. 때 묻고 노련한 정치인들보다 차라리 새로운 인물을 선택한 것이다. 많이 배우고 경험이 필요로 하는 단체장과는 달리, 국회는 당론에 움직이는 성격이 강하므로 그 능력과 노하우에 큰 영향을 미치지 못한다. 다만 올곧은 지도자가 필요하며 서민들의 작은 목소리에도 고개를 끄덕일 수 있는 따뜻한 가슴이 필요하다.

이제 제21대 국회는 산더미처럼 과제가 기다리고 있다. 우선「코로나19」로 멈추어진 경제를 일으켜 세워야 한다. 지난 1월말부터 역병「코로나19」때문에 세계경제는 멈추어 있다. 외국인들의 출입국을 통제하며 관광, 물류의 이동도 자유롭지 못한 형편이다. 소상공인, 영세업자들은 당장 생계에 위협을 받고 있으니 경제문제에 사활을 걸어야 한다. '포스트 코로나'대책이 이 정부의 시험대가 될 것이다.

공자는 '말을 잘 꾸미고 얼굴빛을 좋게 하는 사람을 조심하라巧言令色' 했다. 막말하는 정치인은 그림자처럼 오래오래 그 뒤를 따라다닐 것이다. 선거에서 같이 승부를 겨뤘던 당사자들은 서로 승복하고 지역을 위해 발로 뛰며 봉사할 수 있는 길을 찾아 나서길 바란다. 막말이 없는 국회를 기대한다. (2020. 5. 11. 새만금일보)

# 0.73%의 결과

이처럼 아슬아슬한 선거가 있을까. 제20대 대통령선거는 야당후보의 승리로 끝이 났다. 촛불민심을 등에 업고 20년이상 장기집권을 이야기하던 민주당이 출발한지 불과 5년 만에 여지없이 무릎을 꿇었다. 오락가락했던 부동산정책과 허점투성이인 조 국 법무부장관을 임용으로 그 불신은 증폭되어만 갔다. 결국 민주당 이재명후보는 0.73%차로 패배한 것이다.

투표가 끝나면 출구조사 결과를 발표한다. 방송3사 합동 출구조사 결과는 정확했다. 늘상 오차는 있어왔던 터라 TV를 보며 개표상황을 지켜보지 않을 수 없었다. 1,2번이 앞서거니 뒤서거니 혼전을 거듭하다 자정을 넘기며 판세는 보수로 기울어져갔다. 결국 새벽 3시 50분쯤 여당후보는 기자회견을 자청하여 "최선을 다했지만 기대에 부응하지 못했다. 모든 책임은 저에게 있다"며 패배의 소견을 밝히고 당사를 떠났다.

민주당이 정권을 잡을 때마다 큰 표票차는 아니었지만 이처럼 근소한 차로 당락을 가르기는 처음이다. 15대 김대중은 1.6%, 16대 노무현은 2.3%였다. 이번의 경우 정권교체의 열망은 다소 있었지만 검찰개혁과 비정상의 세력들이 숨어있었고 조심스럽지만 '한번더' 라는 기대는 꿈틀대고 있었다. 아니나 다를까. 투표일을 불과 5일 남겨놓고 안철수후보의 야당 단일화선언으로 여론의 향배는 기울어지기 시작한 것이다.

지역마다 정치성향은 다르기 마련이다. 나는 호남에서 2년전 세종으로 이사를 하여 살고 있다. 민주화를 앞세우는 지역은 어느 지역보다 적극적이고 피를 흘린 한이 있더라도 정치적 색체가 확실한 사람들이다. 보수성향이 짙은 곳에서는 과거에 연연하여 인정에 끌리지를 않으며 지역에 도움이 될 수 있는 이해관계에 따라 지지를 보내곤 했다. 그러니 같은 자리에서도 정치적 논쟁은 금물이었다.

신문의 정치면을 보면 은퇴 후 조용히 살려는 나의 생활에 파문을 일으킨다. 여야로 편을 가르고 흩어졌다 모였다하면서 서로 옳고 잘났다고 우기는 일은 선거철마다 있는 일이다. 선거만 끝나면 우리네 보통사람들은 정치인들이 한 약속도 까맣게 잊어버리고 생업에 종사하게 될 것이다. 아마도 그걸 믿기에 허황된 약속을 남발하고 있으며, 국민의 입장에서도 속이는걸 알면서도 변화의 약속이 지루한 일상에 활력이 되는 것도 사실이다. 선거가 없다면 무슨 재미로 살까싶기도 했다.

촛불민심을 등에 업고 민주당이 야심차게 정권을 잡았지만 검찰개혁을 위해 호랑이굴에 들어갔다가 호랑이에게 잡혀 먹힌 꼴이 되었다. 조국 법무부장관을 앞세워 호랑이굴에 들어가려 했던 것이 실패의 원인이었다. 문재인정권 5년동안 공수처公搜處 하나 만들어놓고 허망하게 마침표를 찍었지만 그것도 두고 볼일이다. 초반기 2년은 공수처와 검찰개혁으로 시간을 보냈고, 또 2년은「코로나19」방역으로, 그리고 레임덕에 이른 것이다.

'기회는 균등하게, 과정은 정의롭게 결과는 평등하게'를 외치며 화려하게 등장했던 정부가 5년을 보내며 그 성적표는 초라하기 이를 데 없다. 어렵게 공수처를 출범시키며 뿌리깊이 박혀있는 기득권세력과 속속이 박혀있는 검찰권력의 힘을 이기지 못했다. 정치권을 둘러싸고 있는 철옹성같은 그들의 힘은 만만치 않았다.

당선인은 정치일선에 뛰어든지 불과 8개월 만에 대통령으로 당선되었다. '나는 사람에게 충성하지 않는다.' 며 공정과 상식을 기치로 내걸었던 그였다. 부디 그 신념대로 국가와 국민만을 위해 나아가길 기원한다. 아주 근소한 차이로 당선되었음을 명심하길 바라며 야당과 서로 협치하기를 당부드린다. (2022. 7. 10)

# 산다는 것

실바람에도 우수수 낙엽이 진다. 늦가을 으스스한 저녁 반갑지 않은 소식이 귓전을 스친다. 딸네 시아버지가 운명하였다는 소식이다. 건강하셨던 분이 수술하기 위해 입원한지 불과 4개월만이다. 누구나 한번은 가야할 길이지만 느닷없이 닥친 일이니 황망하기만 하다. 6년간 필리핀 선교사생활을 마친 아들이 돌아와 부산의 덕천교회 담임을 맡으며 가정이 안정을 찾을만 할 때 이런 일이 벌어지다니….

사돈은 지난해 7월 직장암 선고를 받았다. 예기치 않은 어둠의 그림자가 문을 두드리는 시간이었다. 수술을 앞둔 사돈을 위로하기 위하여 우리내외는 집을 찾아갔다. 얼굴은 좀 핼쑥했지만 마음의 동요는 없었다. '수술하면 괜찮아 실 거예요' 하신다. 교회 장로로서 신앙에 의지하며 살아오신 분이라 초연해 하신 것일까. 엊그제는 3일간 연일 제초작업을 하였단다. 건강한 사람도 예초기刈草機를 들면 몸이 떨리고 손에 쥐가 날 지경인데 중병에 걸린 환자가 어떻게,

'몸도 성치 않으시니 너무 무리하지 마세요.'

'집에 일손이 없으니 할 수없는 일이죠. 그 정도는 괜찮습니다.'

일을 무서워하지 않은 사돈의 당연한 대답이었다. 전에는 육신이 건장한 분이었기에 이처럼 위기가 올 것은 전혀 알지 못하셨다. 몸은 비록 불편하지만 그간 하던 일이었으니 끝내놓고 병원에 가려던 마음이 앞섰을 것이다. 그래도 그렇지, 몸도 성치 않으신 분이 어떻게?

사돈은 건축 일을 하다가 전원생활을 꿈꾸며 경북 봉화로 들어가셨다. 천오백여 평의 밭을 구입하고 고구마, 오이, 야콘 등을 심고 가꾸느라 쉴 틈이 없었다. 또 자두를 심어 주렁주렁 풍성히 열리고 있었다. 땅은 심은 만큼 열매를 맺고 일한 만큼 소득을 얻게 하는 자연의 진리를 가르쳐주는 스승이다. 농사를 짓다보면 풀과의 전쟁이라며 친환경농법만을 고집하셨으니 일은 당연히 많을 수밖에 없었다.

우연일까, 우리는 딸과 아들이 모두 경상도와 인연을 맺었다. 아이들이 원하는 일이었으니 그들의 뜻에 따라 인연을 맺어준 것이다. 두 가정 역시 마음이 따뜻하고 정이 많은 분들이었다. 우리는 점심을 들면서 너무 걱정 마시라고 안심시켜드렸다. 우리가 돌아오는 길에는 오이, 호박 등 싱싱한 채소와 고구마를 차에 가득 실어주었다. 지난해 가을에도 야콘, 고구마, 콩, 참깨, 들깨, 호박 등을 트럭에 싣고 전주까지 오셔서 내려놓고 홀연히 가셨다. 눈이 펑펑 내리는 날이면 보내

준 고구마를 삶아먹으며 그분의 따뜻한 체취를 잊지 못한다.

자두가 빨갛게 익어가던 지난해 7월 24일 사돈은 수술대에 올랐다. 예상외로 큰 수술이었다. 암이 장에 퍼져있었으니 대장을 완전 걷어내고, 또 항문은 옆구리로 호스를 대야하는 대수술이었다. 매년 정기점검을 받았으련만 이렇게 되기까지 발견하지 못했을까? 수술 후 한 달 여 만에 항암치료에 들어갔으나 식욕은 떨어지고 회복의 기미는 보이질 않았다.

수술을 하면서 암이 간으로 전이되었음이 틀림없었다. '이럴 거면 왜 수술을 했을까' 후회도 병원을 원망도 했지만 가족의 입장으로서는 최선을 다하는 수밖에 없었으니 병원에서 시키는 대로 했을 뿐이다. 결국 4개월을 더 이상 버티지 못하고 운명하신 것이다.

주변에서 하나 둘 멀어져 간다. 어떻게 살아야 할지 늘 고민하지만 특별한 묘방이 있던가. '산다는 것' 누구도 정답을 내릴 수 없는 숙제, 이 땅을 창조하신 하나님께 모두 의지하며 살 뿐이다. 영원히 살 것처럼 움켜쥐며 살지만 어떻게 살아야 할지를 미처 깨닫기도 전에 삶을 마감하곤 하는 게 우리의 삶이다. 죽음은 참으로 황망하고 두려운 일이지만, 또 며칠 지나면 언제 그랬던가하듯 일상은 또 다시 계속되기 마련이다. 손자들이 조금 있으면 중학교에 간다고 그처럼 좋아하시던 당신이 그리워진다.

근검勤儉을 부적符籍처럼 실천하며 살아오신 당신, 노력하지 않으면 별다른 방법이 없던 운명 같은 삶이었다. 유품을 정리하며 가족들은 통한의 눈물을 흘렸다. 아버지는 안 먹고 안 쓰며 모아둔 거금의 통장을 장롱 서랍에 깊이 남겨두셨던 것이다. 홀로 남겨진 아내를 위해 주려던 마지막 선물이었을까?

당신이 가꾸던 구절초는 앞뜰에서 속절없이 꽃을 피우고 있었다.

(2020. 11. 26)

# 쓰리픽 첼린지(3 Peaks Challenge)

요즘 무한도전을 하는 사람이 늘고 있다. 자신의 한계와 실천가능성을 시험해보고 싶은 도전이자 욕망이다. 얼마전 TV(mbc Evry)에서 쓰리픽스 챌린지(3 Peaks Challenge) 프로가 방영되었다. 한라산(백록담)에서 지리산(천왕봉), 설악산(대청봉)을 24시간 이내에 완주하는 프로다. 그것도 한국인이 아닌 미국인 니퍼드, 조나단, 데이비드 와 영국인 제임스 등 네명이 한조가 되어 도전한 것이다. 영국의 제임스가 단장을 맡아 3개월 동안 준비하여 한라산 하산을 시작으로 지리산을 향하면서 도전은 시작되었다.

산청 중산리에서 야심차게 지리산을 오르던 조나단은 무릎 통증을 위기를 맞았나. 고능학교시절 미식축구를 하던 중 사고로 철심부위에 고통이 심해진 것이다.

'거의 왔어 조금만 힘내'

서로 용기를 주며 앞서거니 뒤서거니 조금 완만한 곳은 뛰기도 했다. 하루에 세 정상을 올라야 하니 시간을 아껴야 했다. 서로 모르는 사이인데도 금방 가까워졌고 밀어주고 당겨주며 함께가야 했다. 잔잔하던 날씨가 중턱을 오르니 바람은 거세게 휘몰아치고 있었다.

'와 우리 성공했어.' 2시간 15분만에 천왕봉 정상에 도착한 것이다.

기뻐할 시간도 잠시, 사진 한장으로 기념촬영을 가름하고 내려와야 했다. 해질녘 높은 정상에 이르니 바람이 불고 추워졌다. 어둠이 깔리는 시간, 하산을 해야 하므로 오르는 시간보다 더 오래 걸렸다. 조나단은 무릎부상으로 힘들었지만 진통제를 먹으며 이겨냈다.

캄캄한 시간 중산리에 내려오니 이태리인 조력자 알베르토가 대기하고 있었다. 다음 설악산 산행을 위해 에너지를 보충해야 한다. 이들을 위해 미리 지리산 흙돼지(삼겹살)가 노릇노릇 익어가고 있었다. 진통제 영향으로 밥맛을 모르던 조나단은 알베르토가 싸주는 상추쌈으로 입맛을 돋구었다.

식사가 거의 끝나갈 무렵 알베르토는 네 명의 가족들이 보내준 동영상을 보여주었다. 약해질 대로 약해진 이들에게 그 동영상은 용기가 되고 힘이 되었다.

아이들 : '아빠 힘내세요. 우리가 있잖아요'

아버지 : '네가 해낸다면 우리 모두에게 힘이 될 꺼야 파이팅!'

아내 : '사랑한다는 것 잊지 마', '조자단, 조나단, Go 꼭 성공해'

무엇보다도 '아빠 힘내'라는 아이들의 애교 넘치는 한마디가 피로를 녹아내리게 했다고 한다. 산이 유명한 만큼 험한 코스도 많았다. 한시도 긴장을 멈출 수 없는 산이라며 전문산악인 엄홍길은 말한다. 평균 경사가 30도라 하지만 실제 현장에서는 70도 정도로 가파르게 느껴지기 마련이다.

마지막 코스인 설악산은 양양에서 파이팅을 외치며 새벽 02시 58분에 출발한다. 가장 어려운 오색코스를 선택하였으니 대청봉까지는 급경사와 바위가 많아 평균 4시간 거리를 3시간에 가야하니 정상을 오르기엔 촉박한 거리다. 혼자서는 할 수 없는 일이지만 함께 라서 할 수 있는 일이었다. 얼마나 빨리 가는 것은 중요하지 않다. 서로 페이스를 맞추어 용기를 주며 함께 가는 것이 중요하다. 멀고도 험난했던 정상까지 포기하지 않고 가는 것은 자신을 시험하는 척도가 될 것이다.

제임스는 몇년 전부터 기획하고 준비해 왔으니 책임의식이 강했다. 그래서 사력을 다해 먼저 가서 기다리곤 했다.

'잘 될 거야, 거의 왔어, 힘내세요.'

서로 회원들은 파이팅을 외치며 체력의 한계를 느낄 때도 서로 용기를 주었다. 마지막 코스인 대청봉에 오를 때 체력은 고갈되어가고 멤버들의 의지도 한계상황에 이르고 있었다. 지리산에서 힘들어했던 조나난은 시쳐 가는데도 동영상으로 보았던 가족들의 얼굴을 떠올리며 자신을 시험하고 있었다.

결국 대청봉에 08:00보다 21분 먼저 도착했으니 한라산에서 대청봉까지 24시간 이내에 해낸 셈이다. 살면서 크고 작은 고비들이 있다. 예상치 못한 고난과 암초를 만날 때는 자신의 마음과 의지만으로는 이겨나갈 수 없는 일이다. 이때 성경에서 열처녀의 비유처럼 기름을 준비하지 않으면 안 된다. 어떠한 경우에도 견딜 수 있는 체력과 자신을 이기는 끈기를 길러야 한다.

이번 쓰리픽스 첼린지(3 Peaks Challenge)는 스릴과 감동으로 시청자들의 이목을 사로잡았다. 올해 최고의 예능 완전 감동의 눈물바다였다. (2021. 6. 5)

# 11월엔

낙엽이 지고 앙상한 가지로 변해갈 즈음, 마음은 누구나 공허해지기 마련이다. 농부가 추수를 하며 한해를 결산해야 하듯, 나이든 사람들도 삶의 마무리를 준비해야 한다. 열심히 살았던 이들은 한해를 정리하고 풍성한 결산을 기다리지만 그렇지 못한 이들은 보여줄 것이 없어 마음만 바빠지기 마련이다. 늘 생각만 앞서지 행동으로 실천해가기엔 굼뜨는 나의 일상도 남의 일이 아니다.

아침이면 앞산으로 산보를 간다. 40여분 걸으면 시원스런 금강을 조망할 수 있으니 하늘을 날고싶고 흐르는 강물을 보면 마음은 잔잔해진다, 날씨가 추워지니 강물에 날아드는 오리떼가 유영을 하며 아침햇살에 반짝이는 윤슬이 아름답다. 저편에 서있던 키다리 백로가 잽싸게 물고기를 낚아채 기량을 뽐낸다. 저 좋다고 날뛰기만 하던 녀석들이 한 순간에 먹잇감이 되고 말았으니 제 운명을 어찌 예상이나 했으랴.

쉼 없이 흐르는 강물은 자신을 정화시키며 넓은 바다로 흐른다. 주변을 말끔히 씻어주는 천사와도 같은 존재다. 암초를 만나도 부서지고 깨지면서 때로는 양보하고 돌아가기도 한다. 그래서 노자는 상선약수上善若水라 했나 싶다. 바위를 만나도 비켜가며 다투지 않으니 도道에 가까운 존재라고, 꽃이 필때가 있으면 질 때가 있고 봄이 지나면 언젠가는 겨울이 오듯이 자연은 우리에게 삶의 진리를 가르쳐 준다.

추수가 끝나고 텅빈 고즈넉한 들녘, 하얀 짚더미들이 덩그러니 넓은 뜰을 지키고 있다. 농사를 지으며 살았던 우리네 절기는 변함이 없었다. 상강霜降이 지나니 그 푸르던 나뭇잎은 찬 서리에 단풍으로 변하고, 또 망백望百의 노파얼굴처럼 쭈글쭈글한 낙엽이 되어 우수수 떨어지는 순간이다. 수북이 쌓인 낙엽은 추운겨울 여린 나무들의 솜이불이 된다. 봄에 꽃을 피우고 여름에 시원한 그늘을 제공해 주던 저들은 자연의 섭리를 일깨워주는 우리의 스승이다.

새해를 시작하며 난 몇가지 다짐을 했다. 일기쓰기, 서예, 독서하기가(주 1권) 가 그것이다. 일기는 수필을 쓰는데 도움이 되려니 싶어 4년째 계속하고는 있지만 자기를 이기는 장사 없듯이 늘 펑크가 난다. 그래도 일기는 자신을 돌아보는 좋은 거울이려니 싶어 자신을 이기려 노력하고 있다.

달력을 보니 벌써 11월, 고희를 넘긴 누구처럼 한장 덩그러니 남아 자신을 돌아보게 한다. 풀꽃시인 나태주님은 "11월"의 시에서 이렇게 고백한다.

"돌아가기에는 이미 너무 많이 와버렸고
버리기에는 차마 아까운 시간입니다"

그렇다. 다시 돌아가기엔 너무 많이 와버렸다. 남은 시간을 버리기엔 아까우니 알차게 보내야 한다는 마음이 숨어있다. 연초의 다짐들이 서리맞은 장미처럼 입에 피를 흘리며 나를 원망하는 눈초리로 보는 것 같아 부끄럽다고 한다. 아쉽지만 다시 돌아갈 수 없는 지금은 자책의 시간을 보내야 한다.

강물이 바다로 흐르며 부단히 자신을 정화시키듯 저들의 본성을 닮고 싶다. 바다에 이르러서는 맛도 색깔도 변하여가듯 새해가 이르기 전에 모난 성품, 잘못된 행실까지도 바꾸어 갔으면 좋겠다. 가식의 옷을 벗어버리고 새로 태어날 후배들에게 영양분으로 선사하는 저 청빈한 11월의 나무들처럼. (2020. 11. 20.)

# 산타가 필요해

크리스마스를 며칠 앞두고 아내와 나는 교보문고에 갔다. 손자들에게 줄만한 선물을 고르기 위해서였다. 매장에는 아이들의 관심을 끌만한 장난감과 초코렛 예쁜 노트 연필 등 많은 선물들이 진열되어 있었다. 아이들과 같이 기쁨을 나누고싶어 하는 마음에 몇 권의 책과 체크보드판 두개를 골랐다. 어린 준원이(3세)에겐 자동차를 선물하기로 했다. 예쁘게 포장을 하고 편지도 써 넣었다.

오래전 교회 학생반 교사때의 일이다. 크리스마스 이브가 되면 거리에 징글벨소리가 울려 퍼졌고 교사들은 아이들의 선물준비에 바빴다. 밤늦도록 선물을 포장하고, 새벽 4시쯤 되면 산타복장에 등불을 들고 아이들의 집을 찾아다녔다. 집 앞에서 "기쁘다 구주 오셨네" 찬양을 하고 선물을 문앞에 놓고 다녔다. 순진한 아이들에게 벌인 깜짝 이벤트다. 상황을 모르는 아이들은 "어제저녁 산타가 선물을 주고 갔다"며 자랑을 하곤 하였다.

어릴 때는 작은 선물만 받아도 기쁨이었다. 연말이 되면 왠지 마음이 설레고 하얀 수염의 산타할아버지가 나타날 것 같은 기대에 부풀어졌다. 이렇듯 산타의 거주지로 알려진 북유럽의 핀란드는 산타에 대한 관심이 높다. 아이들의 소원을 담은 편지가 중국은 물론 아프리카, 태평양의 섬나라 통가에 이르기까지 200여 국가로부터 "핀란드 96930 북극 산타클로스마을 중앙우체국" 주소로 60여 만통의 편지가 날아든단다.

산타는 선물을 나누어주고 자비를 베푸는 너그러움의 상징이다. 그럴듯한 이야기를 꾸며서라도 많은 사람이 믿도록 하고 희망을 갖게 하는 것은 인류문명의 원동력이 되기도 한다. 현실에 존재하지는 않아도 수만명이 믿고 행동하면 살아있는 존재가 되듯 사람들을 한몸같이 움직이게 하는 묘한 힘이 되기도 한다. 개인으로서 한계가 너무도 명백한 인간이 몇 백만을 한 집단으로 조직하여 큰 규모의 일을 해낸다는 것은 신기한 일이다.

이브저녁 우리가족은 함께 모였다. 앞에 놓인 선물꾸러미를 보며 아이들은 생기가 돌고 신이 나서 이리 뛰고 저리 뛰며 난리들이다. 직장일에 바빠 늘 늦게 들어오던 제 엄마도 함께하였으니 아이들은 더 없이 좋아했다. 저녁엔 장기자랑을 시작하여 벌레박사 시원이(9살)이가 먼저 곤충연구발표를 했다. 어른들도 감히 흉내 낼 수 없는 노트북

브리핑을 손색없이 이어갔다. 곤충의 종류, 특징과 이 땅에서 곤충왕은 누구인지 확실히 알려주는 시간이었다.

또 둘째 지원(6살)이는 유치원에서 배운 '울면 안돼, 울면 안돼, 산타 할아버지는 우는 아이를' 하며 율동과 노래로 귀여움을 독차지했다. 딸아이라 노래하는 모습도 율동도 너무 귀엽고 남달랐다. 이에 질세라, 3살 준원이도 나와 '안녕하세요' 코가 땅에 닿도록 인사를 하더니 「징글벨」 노래를 또렷이 부른다. 제 누나와 함께 유치원을 다니더니 말하는 것도 빠르고 붙임성도 좋아졌다. 길을 가다보면 하찮은 것도 신기하여 "저건 뭐야, 왜 그런데" 질문을 달고 산다.

아이들은 재롱을 마치면서 '할머니 할아버지 저희들을 돌보아 주어서 고맙습니다. 사랑해요' 나붓이 인사를 한다. 아이구 저런… 많이 성장한 아이들을 보며 힘껏 안아주었다. 어릴 때부터 여러 사람 앞에서 쑥스러워하지 않고 발표도 하고 노래도 스스럼없이 할 수 있으니 든든해졌다. 오늘밤 우리부부는 산타가 되어 준비한 선물을 나누어주었다.

녀석들은 선물을 보며 춤을 추고 좋아라한다. 또 아이들은 손수 쓴 편지를 순서대로 읽으며 할아버지 할머니께 진심을 담아 '고맙습니다. 감사합니다.'를 연발하며 큰절을 한다. 아이들과 가까이 살면서 작은 것이라도 정성껏 싸서 귀한 선물처럼 주며 즐거운 시간을 몇 년째 계속하고 있다.

요즘 세계는 난데없는 「코로나19」로 인해 홍역을 치루고 있다. 아무리 가까운 사람의 방문도 귀한분의 초청도 달갑지 않은 사회를 맞이하고 있으니 이제는 웬만한 애경사도 가족중심으로 치루고 있어 씁쓸함을 금할 수 없다. 고통을 혼자 겪으며 끙끙 앓는 사람들이 많이 있다. 시장에 나가도 사람들이 몰려들지 않고 있으니 경제는 동맥경화를 앓고 있는 듯하다.

톡하면 터질 것만 같은 이때 서로를 이해하고 양보하는 분위기를 만들어 나가야 한다. 나부터 이웃과 가까운 사람들을 배려할 줄 아는 산타가 되기로 다짐해본다. (2020. 12. 25)

# 『코로나 19』 지나가리라

진달래가 곱게 피는 따뜻한 봄, 지인의 아들 결혼식에 참석했다. 예로부터 애경사를 챙겨주는 일은 상호부조의 미풍양속이었다. 구름 한 점 없는 청명한 하늘은 이날을 축복이나 하듯 맑고 화사했다. 4개월 전 폐암으로 남편을 떠나보낸 집사님이기에 가슴 아린 상처를 싸매줄 수 있는 기회였다. 기분좋은 행사에 왠 마스크를 쓴 사람들로 북적일까.

최근 역병「코로나19」가 번지고 있다. 중국 우한에서 촉발된「코로나19」는 중국 8만 여명, 우리나라도 하루에 9천 여명의 확진자가 넘어서고 있다. 이탈리아 스페인 미국은 물론 유럽권에서도 급속도로 번지고 있으니 앞으로 얼마나 더 확산될지 예측할 수 없는 일이다. 세계보건기구(WHO)는 최고단계인 범유행병(pandemic)을 선언했다. 국가 간에도 서로 출입국을 금지하는 나라가 늘어나고 있으니 세계경제는 멈추고, 증시도 폭락하고 있다.

어디 이런 일이 있을까, 금세기 들어 가끔 전염병이 있었지만 이처럼 크게 번지는 일은 처음이다. 사스(2003년) 신종풀루(2009년) 메르스(2015년)는 6년 간격으로 일어났지만 코로나19(2019)는 5년만에 찾아왔다. 전염의 속도도 빨라져 침이나 입김으로도 감염이 된다니 마스크를 쓰고 참석하는 일도 이상한 풍경이 아니다. 치사율도 점점 강해지고 있어 중국이나 이테리 경우는 확진자의 9%에 육박하고 있으니 긴장의 끈을  놓지 못하고 있다.

성경에는 '곳곳에 지진과 기근과 전염병이 있겠고 또 무서운 일과 하늘로부터 큰 징조들이 있으리라'(눅21:11)' 예고하고 있다. 교통수단이 좋아지고 과학문명이 발달하면 할수록 살기는 좋아지는 줄로만 알았다. 다소 생활은 편리해지고 문명의  혜택은 누릴 수 있을 수 있지만 우리가 개발해 낸 과학문명의 화살이 우리를 겨냥할 줄은 예측할 수 없는 일이다. 이뿐 아니다. 지구온난화로 가뭄, 홍수, 태풍, 폭염, 화재 등 각종의 재난은 또 우리를 기다리고 있다.

이는 결혼식엔 가족 몇 사람이 모여 소출하게 행사를 치루기도 했다. 코로나로 돌아가신 부모님을 화장장에 모셔놓고 손도 대지 못하며 멀그러미 눈물을 흘려야 하는 일들이 벌어지고 있다. 역병으로 사람들의 접촉을 꺼리는 사회가 되고 있으니 어쩔수 없는 일이다. 아무리 잘 아는 사이일지라도 함께 가자고 권유할 수 없는 일이다. 예약문화가 일상화된 요즘 오래전에 예약을 하며 거금의 비용을 지불했으니 해약할 수가 없고 어쩔 수 없는 일이 아닌가.

때가 때인지라, 학교, 도서관, 복지관, 종교시설 등 모든 집합장소의 출입이 금지되고 있다. 10명이상 모이는 곳이라면 단체로 규정하며 국민들이 나서 단속하고 있다. 행사장에 갔다가 병이라도 얻어온다면 난감할 수밖에 없다. 인정에 끌려 애경사에 갔다가 예측할 수 없는 상황이 발생할 수도 있으니 누구를 나무랄 수도 없는 일이다. 미풍양속을 지키며 인정을 주고받던 사회는 옛 이야기가 되어가고 있어 씁쓸함을 금할 수 없다.

이번 코로나 사태를 겪으며 사회전반에 많은 변화가 짐작된다. 큰 전쟁을 치루고 나면 사회구조에 변화가 오듯이 이번 역병 쓰나미가 지나가면 달라지는 게 많을 것이다. 사람들의 이동과 접촉을 피하게 되니 자연 교통은 줄어들고, 통신은 더욱 활발해 질 것이다. 기술의 발전도 이런 방향으로 바뀌어 인터넷을 통한 물품구매는 물론 직장의 재택근무나 화상회의가 늘어날 것이다.

잘 아는 사람끼리 악수도 마음놓고 하지 못하는 이번 사태를 보면서 자연 앞에서 인간이 얼마나 무기력한 존재인가를 느끼게 된다. 결혼 예식의 분위기는 음산해졌고 상호부조의 정신은 희미해져갔다. 이 모습이 언제까지 이어질 것인지 걱정이 앞선다. 총칼 앞에서도 결연히 믿음을 지키던 옛 부조들의 신앙을 고집할 수도 없었으니 내가 다니던 교회에서도 한달이상 가정예배로 가름했다.

솔로몬은 '이 또한 지나가리라(This too shall pass away)' 했다. 얼마 후면 흔적없이 사라질 테지만, 뼈속 깊이 드리워진 '코로나19' 기억은 오래오래 남을 것이며 문명의 변화는 가속될 것이다. 하늘 높은줄 모르고 빌딩을 세우며 부를 자랑하는 종교계의 변화도 남의 일이 아니다. 정신을 차리고 하늘을 바라보자. (2020. 3. 23)

제6부

# 여행 탐방

자연은 우리의 친구요 삶의 의미를 가르쳐주는 스승이다. 꽃이 피고 푸르름의 기세를 발하던 나뭇잎들은 때를 따라 단풍이 들고 낙엽이 되어 순환의 원리를 어기지 않는다. 어딘가 훌쩍 떠나 자연과 함께 복작거리는 마음을 달래고 싶은 시월이다.

# 그대가 곁에 있어도 나는 그대가 그립다

물속에는 물만 있는 것이 아니다 하늘에는 그 하늘만 있는 것이 아니다
그리고 내 안에는 나만이 있는 것이 아니다 내 안에 있는 이여 내 안에서 나
를 흔드는 이여 물처럼 하늘처럼 내 깊은 곳 흘러서 은밀한 내 꿈
과 만나는 이여 그대가 곁에 있어도 나는 그대가 그립다

이천이십이년 봄 류시화 님의 시 그대가 곁에 있어도 우경 이우철

# 울릉도 여정

자연은 우리의 친구요 삶의 의미를 가르쳐주는 스승이다. 꽃이 피고 푸르름의 기세를 발하던 나뭇잎들은 때를 따라 단풍이 들고 낙엽이 되어 순환의 원리를 어기지 않는다. 어딘가 훌쩍 떠나 자연과 함께 복작거리는 마음을 달래고 싶은 시월이다. 신앙안에서 만나도 항상 너무 좋은, 다섯 가족이 울릉도와 독도를 향해 떠났다.

크루즈는 포항에서만 갈 수 있다니 영일만항으로 가야한다. 승선인원 1,200명을 가득 태우고 출항준비를 하여 갈수록 멀어지는 130km의 바닷길을 아침 7씨쯤에야 울릉도 도동항에 도착했다. 6시간 30분이 걸려야 올수 있는 먼 밤바다를 달려왔으니 우리 땅임에도 왠지 낯설었다. 그렇게 쨍쨍하던 햇볕이 현지에 오니 구름이 끼어 우중충하고 파도는 넘실거렸다. 변덕스런 날씨에 오늘여정이 걱정이었다.

도동항은 군청 소재지가 있는 울릉의 행정중심지에 있다. 뱀, 도둑, 공해가 없다는 이곳은 울릉읍, 서면, 북면 3개 읍면으로 8,800여명의 주민이 사는 크지 않은 섬이다. 3,200m높이의 산이 수면위로 1,000m가 솟아 그만큼 수심이 깊고 경사가 급하여 쿠르즈정박이 가능하다고 한다. 섬마을 도로사정이 여의치 않은 곳이라 아직도 신호등이 없는 유일한 지역이다.

삼국사기에 의하면 울릉도는 신라 지증왕 13년(512년)에 이사부異斯夫가 우산국을 정벌하면서 우리 영토가 되었단다. 조선 초에는 왜구의 약탈과 노략질 때문에 한동안 주민보호를 위해 섬을 비우는 공도정책(空島政策: 일명 쇄환정책)을 펴기도 했지만 고기가 많은 곳이라 주민들이 몰려들었다. 조선후기 숙종 때는 '안용복 사건'이 있었다. 고기잡이를 하던 일본인들을 쫓아내려다 납치되어 고초를 당했지만 울릉도가 조선땅임을 일본정부가 인정해준 사건이다. 그 후 수토관(搜討官: 왜구를 수색, 토벌하는 관리)을 파견하면서 울릉도와 독도를 관리하게 되었다고 한다.

독도는 동도와 서도 그리고 89개의 바위로 이루어진 바위섬이다. 울릉도의 일부로 사람살기엔 어려운 곳이지만 어로자원이 풍부하고 개발여지가 있어 이웃 일본이 오래전부터 눈독을 들인 곳이다. 독도의 전통적인 이름은 우산도于山島인데 한자어 우于를 잘못 쓰면서 자산도子山島, 간산도干山島, 천산도千山島등으로 불리기도 했다.

도동항인근 여객터미널은 사람들로 북적이고 있었다. 연일 관광객

만여 명씩 들어오고 있다니 최근 떠오르는 지역임에는 틀림없다. 악산에 도로사정은 말이 아니었지만 여기저기 도로를 내고 터널을 뚫고 개발이 한창 진행되고 있었다. 처음 오는 곳이니 어디를 가도 신기하고 관심을 끌만했다. 농사를 지을만한 반반한 땅도 없으니 도로주변 산비탈에 밭을 일구어 명이나물, 부지깽이나물 등 부식꺼리를 가꾸고 있었다.

울릉도 호박엿, 마가목은 농가소득을 올려주는 효자품목이다. 먼저 산채영농조합을 방문하여 '울릉도호박엿' 공장을 둘러보았다. 엿 외에도 식혜, 조청, 젤리, 빵 등 다양한 세품을 개발하여 수익을 올린다. 원래는 후박나무 껍질을 고아서 만든 후박엿이 있었다는데 호박엿으로 전이된 듯 싶다. 육지의 호박보다 과육이 두껍고 둥근 호박보다 맷돌처럼 생긴 진녹색호박이 무공해의 대표적 식품으로 익을수록 단맛이 강하다는 설명이다.

마가목馬家木은 빨간열매로 즙을 짜서 '마가보감'이란 한약제품으로 생산해내고 있었다. 동의보감에 의하면 마가목은 연골손상 억제, 항염작용, 허리와 목 디스크 치료와 허약체질 기력증진에 좋다고 한다. 차로 마시거나 약술로 마시면 혈액순환은 물론 하체를 튼튼하게 하며 편도선염과 호흡기 질환에도 효험이 있다고 전한다.

북면 성불사成佛寺를 거쳐 험준한 산길에 오르면 나리분지가 나온다. 동서 1.5km, 남북 2km의 울릉도 유일의 비옥한 평지다. 개척민들이 섬말나리 뿌리를 캐먹고 연명하였다하여 나리골이라 부르기도 한다. 하늘을 찌르듯 뾰족하게 솟은 성인봉(해발986.5m)과 깃대봉이 아늑하게 둘러 있고 전통가옥인 너와집, 투막집이 남아있다. 멋스럽게 지어진 초막집 '나리상회'는 토속주로 인기가 좋은 호박막걸리, 마가목막걸리를 팔고 있었다. 겨울이면 눈이 3~4m씩 엄청나게 쌓인다니 3개월은 모두 아래로 내려와 겨울나기를 한단다.

내수전 전망대는 주변경관을 조망할 수 있는 곳이다. 버스에서 내려 불과 440m정도 오르는 짧은 거리지만 경사가 급하고 좁은 나무계단으로 되어있어  숨이 차고 힘이든 오르막이다. 정상에 오르니 죽도, 관음도가 눈앞에 펼쳐졌다. 대나무가 많은 죽도竹島는 부자父子 한 가정이 살고 있다. KBS 인간극장에 "부자의 삶"이 방영되면서 유명해졌다. 아들은 아버지를 위해 결혼을 포기하고 독신의 삶을 산다는 내용이 전파되면서 시청자들의 마음을 아리게 했다. 다행히 육지에서 신부감이 나타나 결혼을 하고, 아이출산 사실도 방영되었단다.

조금만 가면 다 돌 수 있는 작은 섬, 거북바위, 사자바위 등 볼거리가 많았다. '봉래폭포'는 이곳 주민들의 유일한 상수원으로 길목에 삼나무숲이 조성되어 피톤치드를 만끽할 수 있다. 왕복 1시간이면 충분히 구경도 하고 사진도 찍을 수 있다. 또 행남해안산책로는 한국명소 상위 50곳 중 상위 10위에 포함되어 있다. 아직 명소처럼 깔끔하게 정비되어있지는 않지만 험준한 절벽과 철석이는 파도는 오가는 이들의 간담을 서늘하게 한다.

독도를 간다는 마지막 날 아침이었다. 해가 뜨나 싶더니 금방 구름덩어리가 몰려와 때 아닌 우박이 한참 쏟아졌다. 결국 독도출항 중지령이 내려졌나. 파고가 3m이상이면 출항을 멈춘다니 어찌할 수 없는 일이다. 예정된 인원만 제한하여 받고 있으니 방문일정을 조정할 수 도 없었다. “독도는 우리땅” 이라며 외치던 말도 많고 한에 서린 독도, 꼭 보고 싶었지만 코앞에서 브레이크가 걸리고 말았으니 부득이 다음 기회로 미룰 수밖에 없는 일이다.

요즘 울릉도는 연일 만여 명씩 관광객이 몰려들고 있다. 그간 육지에서 멀다는 이유로 개발이 많이 제한된 곳이지만 이제는 이름난 관광지로 변하고 있다. 사람들이 몰려들고 있어 특산물을 소득원으로 잘 개발해 나간다면 머지않아 부요한 섬으로 바뀌리라 짐작된다. 가을을 보내며 다정한 성도들과 함께했던 여행은 두고두고 잊지 못할 추억이다. 다만 독도를 보려던 기대는 날씨 때문에 좌절되었으니 숙제로 남는다. 아쉬운 독도, 다음에 꼭 찾아가리라. (2022. 10. 18)

# 남해, 달라진 이유

세상은 1%의 엘리트가 이끌어 간다고 한다. 그 지역의 책임을 맡고 있는 지도자가 어떤 생각을 하느냐에 따라 주변은 발전하기 마련이다. 우물안에 있는 주민들의 의식을 깨우고 환경을 바꾸어 가면 자연히 생각이 달라지게 된다. 남해를 다녀오면서 책임있는 지도자의 생각과 의지에 따라 놀라운 변화가 일어나는 것을 보며 신선한 충격을 받았다.

지난 봄 고향친구들과 경남 남해를 다녀왔다. 바다는 가식과 허세로 장식하지 않으며 순수를 드러내는 곳이다. 출렁대는 파도는 우리들의 일상처럼 상승과 추락을 반복하기도 한다. 모처럼 나들이를 하는 섬진강 주변으로는 산수유와 매화가 예쁜 속살을 드러내며 우리를 환영하고 있었다. 하동의 화개장터 일대는 이미 상춘객들로 장사진을 이루었다.

남해군은 유인도 3개에, 무인도 76개가 있는 섬이었다. 최남단에 위치하여 여느 해변처럼 대부분의 생업은 어업이었고 군의 재정도 열악하기 이를 데 없는 가난한 섬마을이었다. 그러던 곳이 언제부터 이처럼 관심지역이 되어 '보물섬 남해'로 변했을까. 가는 곳마다 나들이객들이 몰려들었고, 땅값(평당 100만원 이상)은 급등하여 어디를 가나 음식 숙박업소가 즐비한 곳이 되었다.

우리는 먼저 독일인마을을 답사했다. 넓은 바다가 보이는 곳, 3천여평의 부지에 50세대 규모의 맘모스 독일형 주택들이 가득 들어차 있었다. 독일에 20년 이상 살던 광부, 간호사 등 교민들을 상대로 저렴하게 분양하다보니 신청자가 몰려들었다. 건축자재는 독일에서 직접 들여와 그들의 전통양식으로 조경을 하고 집을 짓다보니 멋드러진 이국적 냄새를 풍기고 있었다. 1963~1977년대 간호사 · 광부들이 독일에 파견되어 우리나라 경제를 일으키는데 주춧돌을 놓지 않았던가.

국가도 국민도 가난하던 시절, 사랑하는 가족을 남겨두고 머나먼 독일로 떠났던 그들이 고국에 보금자리를 마련한 것이다. 우리는 '독일마을전시관'을 관람하면서 당시 그들의 힘들고 가슴아린 장면을 보며 눈시울을 붉혀야 했다. 지하 1,200m 갱도에 들어갈 때마다 동료들끼리 '살아서 돌아가자' 울부짖었다던 검은 얼굴의 광부들, 갱도에서 부상으로 끊임없이 몰려드는 환자를 돌보며 고된 일에도 고독의 눈물을 삼킬 수밖에 없었던 간호사들의 모습은 암울했던 시절 우리들의 자화상이었다.

남해를 이처럼 발전하게 한 지도자, 그 첫 단추를 꿰게 한 사람은 당시 남해군수 김두관(현 국회의원) 씨였다. 평범한 마을이장이요 지역 신문 기자이던 그가 37세의 젊은 나이에 군수로 당선되면서 지역발전의 선봉에 섰다. 1997년 독일의 노드프리슬란트군과 자매결연을 맺고 한국 최초로 사계절 푸른잔디구장을 남해군에 조성하게 된 것이다. 이 과정에서 다리를 놓아준 베를린과 함부르크 교민들이 요청한 독일마을조성사업을 받아들여 밀어붙인 것이다.

당시 김두관 군수는 바로 남해에 독일마을 조성을 위해 청와대, 행자부, 문화관광부등을 접촉하며 문을 두드리기 시작했다. 외교부는 대외 교민정책에 부합하지 않는다며 난색을 표했지만 행자부(당시 내무부)는 이를 받아들이고 포괄사업비와 남해안관광벨트사업비 7억원을 지원한 것이다. 그뒤 수차례 독일을 오가며 투자설명회를 하고 50여명의 투자의향서를 받아 부지를 매입하기에 이른 것이다. 2002년에 시작하여 2012년 독일문화체험센터 완공에 이르기까지 10여년동안 그 지역을 변화시킨 공로자였다.

또 한려해상국립공원 등 수려한 해양관광자원을 이용하여 경제 살리기에 매진한 것이다. 금산 보리암, 원예예술촌, 다랭이마을, 이순신장군 순국공원 등도 아름다운 관광자원으로 손질하였다. 이처럼 지역을 사랑하며 꿈이있는 지도자가 앞장서다보니 조금씩 별천지로 변하기 시작했다. 농사를 짓고 고기잡는 일을 넘어 관광거리를 개발하는 일은 아무나 할 수 있는 일이 아니다. 이제는 남해지역만 해도 2박 3

일은 족히 구경할 수 있는 체류형 관광코스로 우뚝 서게 되었다.

지도자 한 사람으로 인하여 지역주민은 안목이 넓혀졌으며 지역경제가 활짝 꽃피게 된 것이다. 우리는 어디에 살든지 의식있는 인재를 발굴하고 키워 지역발전을 위해 힘을 모을 때 그 지역은 발전하리라 믿는다. 깨어있는 지도자를 키우는 일이 무엇보다 중요한 일이었다.

(2019. 9. 18. 새만금일보)

# 소수서원을 다녀와서

산과 들이 싱그러운 모습으로 나를 부른다. 찔레꽃 아카시아 등 꽃향이 진동하던 봄꽃이 지더니 이파리는 짙은 녹색으로 변하고 있다. 이쯤해서 어디로 훌쩍 떠나봄이 어떨까. 마음이 꿀꿀할 때 취향이 맞는 이들과 멀리 낯선 경험을 해보는 것도 힐링하는 데는 그만일 터다. 비록 몸은 지치고 피곤할 지라도 마음만은 계곡에 흐르는 맑은 물처럼 깨끗해질 것이므로.

며칠 전 영주에 있는 소수서원을 다녀왔다. 인구 10만 정도의 크지 않은 도시에 유교와 불교를 대표하는 소수서원과 부석사가 있다. 금방 차로 닿을 수 있는 근접한 거리다. 성리학 조선을 설계한 삼봉 정도전의 생가와 선비마을인 무섬마을도 있다. 영주는 경북의 어느 도시처럼 인구가 감소하고 있는 도시이지만 정신세계를 관장하는 그 빛만은 초롱초롱했다.

인삼과 인견으로도 이름이 나있는 고장이다. 선비문화가 일찍이 싹텄던 곳, 자연과 함께 행장을 차리고 떠나보기로 하였다. 소수紹修란 '학문을 이어서 갈고 닦는다'는 뜻이다. 소수서원은 고려말 성리학의 비조鼻祖 안향安珦선생이 어릴 때부터 학문을 하던 곳이다. 성리학은 사람의 성품과 의기 우주의 원리를 연구하는 주자朱子의 가르침으로 사회전반에 확산되던 시기는 조선조 중종 때(1506~1544)였다.

중국에 대한 사대事大가 절대적 가치로 굳어지고 성치권에서도 조건없이 적용되기 시작했다. 당시 조선의 관학은 향교와 성균관이 담당을 하였다. 그러나 향교는 이미 학교로서의 기능이 퇴화해가고 있었으며 과거시험에 주력한 관학과는 달리 서원은 성리학연구에만 집중하고 있었다. 그러다보니 공교육이 불신을 받아 사설학원이 성업하는 지금의 우리교육현장과 비슷했으리라.

서원이 우후죽순처럼 생겨나고 당쟁도 극심하게 되어갔다. 소수서원의 뒤로는 영귀봉이 있고, 앞으로는 죽계천竹溪川이 흐른다. 당시 풍기군수 주세붕은 1543년 안향安珦의 뜻을 기리기 위해 사당을 짓고 위패를 모시며 '백운동서원'이란 이름으로 유학교육을 시작하게 되었다. 그 후 퇴계 이황李滉이 군수로 부임하면서 조정에 건의하여 최초로 소수서원이라는 사액賜額을 받게 되었으니 오늘날의 사립대학이 된 셈이다.

공자를 숭상하는 향교에 은행나무를 심듯, 이곳 소수서원입구에도 오백년이 넘은 은행나무가 서 있었다. 주위엔 10여 동의 기와집 건물이 들어서 있고 가까운 곳에 선비문화촌이 있어 어디에도 볼 수 없는 품격있는 학문연구의 촌락을 형성하고 있다. 서원은 성리학이 조선에 정착되면서 영남권을 중심으로한 사림파士林派에 의해 설립되었다.

당초에는 선현에 대한 제향과 인재양성을 위한 사립교육기관으로 시작했지만 갈수록 당쟁의 소굴로 변화되어갔고 지방민을 침탈하는 폐단으로도 이어졌다. 나라가 주는 많은 토지와 노비를 보유하면서도 면세, 면역 등 경제적인 혜택을 독차지하며 국가재정을 악화시키고 조정의 권위를 떨어뜨리기도 했다. 이에 대원군은 1865년 괴산의 우암 송시열宋時烈이 이끌어가던 화양서원과 만동묘萬東廟 철폐를 시작으로 1870년까지 47개 사액서원만 남기고 600여 곳을 철폐하기에 이른다. 대원군 집권 10년동안 가장 과감한 정책으로 꼽힌다.

이로 인해 부정부패, 가렴주구, 삼정문란이 극심하던 안동김씨의 세도정치가 막은 내리게 되었으나 많은 세도가를 정적으로 만들어 대원군은 몰락의 길로 이어졌다. 향교는 공립교육기관이며 서원은 사대부들이 세운 사립교육기관과 같았다. 향교는 공자를 비롯한 선현들을 배향했던 반면, 서원은 조선의 대학자나 정치가를 배향하였다.

중종이후 서원이 급속히 늘어나자, 향교는 쇠퇴의 길을 걷게 되었고, 서민들도 공교육기관보다는 사립기관인 서원을 선호하게 되어갔다. 서원을 중심으로 정치가들과 인맥을 쌓고 사회진출의 배경을 만들어가는 디딤돌 역할을 했기 때문이었으리라. 소수서원을 돌아보며 예나 지금이나 정치행태는 그게 다르지 않음이 느껴온다

백운동서원이 세워지던 1543년 이후 3백여 년간 많은 인재를 배출하기도 했지만 갈수록 당파로 인한 분란은 계속되어갔다. 조선후기 서원의 폐해가 오죽했으면 서원철폐령을 내렸고, 유생들과 그 힘든 싸움을 했을까 라는 생각이 머문다. 당시 노론은 안동김씨를 주축으로 정치권과 지근거리에 있으면서 왕권을 좌지우지했던 그룹이기도 했다.

오늘날도 정권이 바뀔 때마다 동서가 나뉘어지고 진보와 보수가 나뉘어 서로 세력다툼은 계속되고 있으니 수백년이 지나도 정치행태는 반복되는 싱싶다. 그럼에노 선비의 고장 영주를 돌아보면서 아름답고 외풍이 없는 아늑한 도시. 소백산을 중심으로 천혜의 자연경관을 자랑하며 과거 학문연구를 위한 전국의 인재들이 몰려들었던 곳이었으니 옛 선비들의 기개가 아직도 꿈틀대는 듯했다.

조선의 서원이 당파싸움의 단초는 되었지만 교통여건이 열악한 산골임에도 한국의 선비문화를 계승시켜온 교육기관이다. 우리민족의 자각운동을 일으켰던 서원, 학문의 요람이었음은 부인할 수 없을 것만 같다. (2022. 6. 10)

# 「기생충」 영화를 보고

영화 기생충이 미국 아카데미 시상식에서 4관왕을 휩쓸었다. 미국 LA 헐리우드 돌비극장에서 열리는 아카데미 시상식의 주인공은 기생충이다.

우리부부는 지난해 5월 기생충 영화를 관람했다. 영화에 대한 안목이 없어서인지 그다지 피부에 와 닿지를 못했는데 이처럼 영화계의 폭풍을 일으킨 것이다. 지난해 칸영화제에서 최고상인 황금종려상을 받은 영화가 이번 아카데미 시상식에서 최고상을 받은 것은 세계 영화사에서 1965년 델비트만 감독의 '마티'에 이어 두 번째란다. 특히 스토리 보드까지 직접 그리며 기생충을 구상한 봉준호감독이 작품상 감독상 각본상 국제장편영화상능 4관왕에 올랐나.

봉준호 감독은 한국영화에서도 손꼽힐 정도로 그림에서부터 세세한 부분까지 꼼꼼히 챙기기로 유명하다. 1세대 그래픽 디자이너인 아버지의 영향으로 그림에 매우 뛰어난 소질을 가지고 있다. 이를 바탕으로 스토리보드를 직접 그리는 것으로 알려져 있다.

봉준호 감독은 유년기부터 만화 영화에 관심이 많았다. 배창호 이장호의 영화를 보고 자라면서 인문학과 사회학을 공부하고 난 뒤 영화를 공부하는 것이 낫다고 판단한 것이다. 그래서 연세대 사회학과를 졸업한 후 한국영화아카데미 정규과정을 거쳐 학문적 기반을 탄탄하게 쌓아간 것이다.

그는 아카데미 수상소감에서 개인적인 것이 가장 창의적인 것이라고 '마틴스코세이지'의 말을 인용해 객석의 기립박수를 받았다. 그에게는 스승으로 고 김기영이 있었다. 기생충은 김기영의 대표작인 「하녀」를 21세기 한국사회 성격에 맞게 대담하게 재 조명한 것이다. 봉준호의 재능은 한국영화의 전통을 계승 발전시키면서 그걸 전 세계관객과 소통할 수 있는 보편적인 언어의 영역으로 확장시켰다.

1961년에 발표된 김기영의 「하녀」에서 아직 중산층계급이 정착되지 않은 한국사회의 현실은 1층과 2층으로 분리된 양옥집구조를 효과적으로 활용한 극중 주인공의 숱한 침입을 통해 시각적으로 강조한다.

블랙코메디의 정조를 깔고 공포영화 못지않은 섬뜩함을 주며 전개되는 기생충 후반부는 계급간 수직이동이 차단돼 있을 뿐만 아니라 얼마 되지 않은 파이를 두고 서로 싸워야 하는 가난한 사람들의 처지를 냉혹하게 비유하는 결말로 채워진다.

낮은 계급이 높은 계급을 이기는 얘기인 것처럼 장르 관습의 목적론적 서사를 충족시킬 것으로 위장했으나 결국은 주인공일가가 반지하방이 있는 저 낮은 곳의 자기네 동네로 퇴각하는 실패담으로 끝난다.

마틴 스코세이지와 김기영 등에게 배운 것이 바로 그것이다. 대학이나 영화학교에서 스코세이지 영화와 책을 많이 보고 했는데 그것이 적중한 것이다.

그는 대학에 다니면서도 백색인(1993) 지리멸렬(1994) 프란더스의 개(2000)로 장편연출을 했다. 또 화성연쇄살인사건을 기반으로 한 '살인의 추억'으로 영화계에서 명실상부 대표감독의 반열에 오른 것이다.

이 작품 수상 이면에는. CJ그룹의 이미경 부회장의 숨은 공신이 있었다. CJ는 이 작품을 위해 100억원의 자금을 전폭적으로 지원해 주었다. 기생충은 90년 넘게 철옹성이던 작품상의 장벽을 무너뜨렸다. 기생충 전까지 작품상을 받은 비영어권 영화는 없었다.

이로인해 LA헐리우드 돌비극장에는 바람과함께 사라지다, 사운드 오브 뮤직, 벤허, 대부 등과 「기생충(Parasite)」이 어깨를 나란히 하여 새겨지게 되었다.

아카데미상 수상으로 흥행성적도 주목된다. 한국에선 지난해 5월에 영화관에 개봉되었지만 영국등 해외에서는 최근에야 선을 보이고 있다. 지난해 10월 LA에서도 상영되고 있다. 지난1월까지 북미에서 올린 매출은 3,547만달러, 전세계에서는 1억 6,536만 달러의 매출을 기록하고 있다. (2020. 2. 13)

# 부여 탐방

여름방학을 맞아 부산에 사는 손자들이 찾아왔다. 이번 기회에 백제문화를 배우고 싶다고 한다. 초등학교 5학년이니 역사에 관심을 갖기 시작했기 때문이다. 역사는 반복하며 미래를 비추어주는 거울이 되기도 한다. 우리 일행은 위례성(몽촌토성), 웅진성에 이어 세 번째로 옮겨진 백제의 수도 사비성泗沘城으로 향했다.

처음 오른 곳은 백제의 성왕 때 사비성으로 천도를 앞두고 쌓았다는 '부소산성'이다. 비록 해발 106m 에 불과한 나지막한 구릉이지만 금강을 두르고 북에서 침입해오는 외적을 방어하기에 아주 좋은 전망이었다. 한낮 섭씨 34℃의 더위에 우리는 온몸을 땀으로 적시며 역사의 현장, 낙화암에 도착했다. 정상에는 백제가 최후를 맞이한 낙화암이 있고, 그 밑에 백마강과 암자 고란사가 역사의 흔적을 보여주고 있다. 얼마나 땀이 나고 힘들었던지 손자 진우는 '고란사가 아니라 고난사예요'한다.

삼국사기에는 고구려 동명성왕 둘째아들 온조溫祚가 무리를 이끌고 한강유역으로 남하하여 BC 18년에 백제를 건국했다고 전한다. 한강을 사이에 두고 북은 고구려가, 남은 백제가 위례성을 중심으로 한강유역의 주도권을 장악하고 있었다. 석촌동의 돌무지무덤이 고구려 고분양식과 유사하여 고구려 유민이 내려와 건국했으리라 짐작된다. 백제는 근초고왕, 고이왕(234~286)때 한강유역 전체를 확보하는 강력한 고대국가를 꽃피웠던 전성기였다.

인접 고구려의 계속적인 공격이 이어졌다. 고구려 장수왕의 위례성(한성) 침공으로 개로왕이 살해당하고 한강유역을 상실한 백제는 478년 7월에 수도를 웅진으로 옮겼다. 왕권은 추락되고 귀족세력은 준동하여 국운이 기우는 듯했으나 웅진 천도 이후 충청 전라의 비옥한 지역을 확고히 다지는 기회가 된 것이다. 동성왕(479~501)과 무령왕(501~523)때는 왕권을 강화하여 귀족들의 난동을 제압하고 중국과의 교류도 활발히 이루어진 시기였다.

웅진성(공주)으로 천도 후에도 외적을 방어하기에는 입지가 좋지 않다는 여론이 일기 시작하여 또 다시 성왕(523~554)때 사비성(부여)으로 수도를 옮기게 된다. 이때 백제문화는 사상 최고의 부흥기를 맞았으며 일본의 문화에도 지대한 영향을 끼칠 정도로 높은 수준에 도달한 것이다. 한강 유역의 평탄하고도 비옥한 자연 환경과 금강, 영산강 등

충청과 호남을 중심으로 강과 바다를 끼고 있어 먹거리가 풍부했다. 또 백제인은 성격이 온유하며 섬세한 지역적 특성을 지니고 있다.

백제의 마지막 왕은 무왕의 맏아들 의자왕이었다. 부모를 지성으로 섬기고 형제간의 우애가 두터워 '해동증자海東曾子'라 불렀다. 재위기간(641~660) 초엔 개혁정치를 펼쳐 국정을 쇄신하고 고구려와 연합하여 신라를 공격하는 등 영토를 조금씩 확장해 나갔으나 말년에 신라의 침공을 막아내지 못해 660년 7월 나당연합군에게 멸망하는 비운의 군주가 되었다.

부소산성 정상의 「낙화암」은 백제 의자왕(641~660)때 수륙양면으로 신라가 침공하자 삼천궁녀들이 왕의 굴욕을 면하기 위하여 꽃이 지는 것처럼 떨어져 죽었다는 바위다. 또 낙화암 바로 밑에는 백제 17대 아신왕대阿莘王代에 창건했다는 고란사皐蘭寺가 고즈넉이 남아있다.

시내 중심가에서는 부여국립박물관을 둘러보았다. 당시 사비성에서 출토된 '독널 대쪽모양의 동기', '거친무늬거울' 등 선사 고대문화 유물이 전시되어 있다. 또 호자, 석조사리감, 백제금동대향로 등 청동기시대 백제의 생활문화와 산수풍경무늬 벽돌, 부여 왕흥사 사리기, 치미, 금동관음보살입상 등 당시 화려했던 불교문화를 확인할 수 있었다.

선사와 역사시대의 분기점에서 한반도는 삼국이 먹고 먹히는 쟁탈전을 계속하던 때였다. 신라는 자력이 아닌 당나라의 힘을 빌어 660년에 백제를, 668년에 고구려를 무너뜨리고 통일신라를 건설하여 한반도의 주인공이 되었다. 신라가 삼국을 제패하면서 우리 영토는 북부 만주지방을 더 이상 확보하지 못하게 되었다. 진취적이고 대담한 기질의 고구려가 삼국을 통일했더라면 대한민국의 지도는 어떻게 변했을까? 아쉬운 일이 아닐 수 없다. (2019. 7. 29)

# 「송산리 고분」 소고

아내와 함께 공주를 다녀왔다. 문화의 유적을 답사하는 것은 자신의 존재를 알아가는 계기가 된다. 예로부터 백제는 땅이 비옥하고 기후가 온난하여 오곡, 잡과와 채소 및 술 약품등이

많이 난다고 중국의 역사서 주서周書에 기록하고 있다. 토양이 척박하고 산이 험했던 고구려, 신라에 비해 백제는 농경에 유리한 자연조건을 갖추고 있던 지역이다.

공주의 공산성은 백제 22대 문주왕 원년(475년)에 한성(위례성)에서 공주로 천도하여 성왕16년 부여(사비성)로 천도할 때까지 64년간 왕도를 지킨 곳이다. 왕성을 지킨 금강변의 공산성, 송산리 고분군과 무녕왕릉, 천년고찰 마곡사가 자리하고 있다. 공주를 연구하지 않으면 당시

백제의 숨결을 이해할 수 없을 것이다.

송산리 고분군은 백제시대 왕과 왕족의 무덤이다. 웅진시기(475~538년) 왕궁의 유물이 출토되었던 백제왕릉 7기의 고분군이 있다. 1-5호분은 굴 모양의 돌로 쌓여져 있으며 유물은 이미 도굴되어 빈 무덤으로 있지만, 6-7호분은 백제 25대 무녕왕과 왕비의 무덤으로 최근 1971년 배수로 공사 중 많은 유물과 함께 발굴되었다. 1,500년전 당시 화려하고 세련된 미의식, 수준 높은 백제의 공예기술을 들여다볼 수 있다.

출토된 유물은 왕 금제관장식(국보 제154호), 왕비 금제관장식(국보제155호), 왕 금제 귀걸이(국보156호), 왕비 금제귀걸이(국보157호), 석수(국보162호), 묘지석(국보163호)과 왕과 왕비 나무머리받침, 금제 귀꽂이, 청동거울 등 주로 왕실에서 사용하던 물품들이다. 그 외에도 2,900여점의 유물이 출토되어 당시 왕궁과 백성들의 생활상을 엿볼 수 있었다. 특히 묘지석에는 축조 연대를 분명히 제시해주고 있기 때문에 삼국시대 고고학 편년연구에 기준자료가 되고 있다.

외국에 나가보면 우리 문화재를 관계도 없는 그들이 보관하고 있는 걸 알 수 있다. 세계 최고最古 금속활자본인 직지심경直指心經이 파리 국립도서관에, 또 1809년 혜경궁홍씨의 화갑연을 기록한 의궤儀軌도 영국에 보관되어 있다. 왕실행사에 차려진 의식과 조리법을 연구할 수 있는 중요한 자료다. 대부분이 서세동점기, 식민지시절 부당한 방법으로 침탈해 간 것이다. 이미 알려진 것만도 일본에 18만점(42%) 미국에 5만섬, 독일에 1만점과 영국 등에 산재되어 있다.

당시 한강유역을 지배했던 백제는 위례성에서 웅진성 · 사비성(부여)으로 옮겨지면서 계속 침탈되어가고 있었다. 한때 고구려의 침략이 주춤해지고 백제 의자왕 말년 지배계층이 내부 분열되고 민심이 이반되어가던 틈을 이용하여 신라는 나당연합군이 합세, 백제를 무너뜨렸다. 신라는 그 여세를 몰아 평양성을 공격하였으며 고구려장수 연개소문이 죽자 고구려까지 막을 내리게 되었다. 마지막 남은 당나라군을 한반도에서 축출하고 676년에 통일신라시대의 주인이 되었다.

이때까지만 해도 신라는 고구려의 영향아래 있었으며 정치, 경제, 문화 등 여러 방면에서 후진성을 면치 못했다. 서양의 선진문화도 백제를 거쳐 신라로 일본으로 전해지던 시기였다. 이시기에 우경牛耕보급, 수리관개시설도 확충 보급되어 신라의 농업생산력 신장은 물론 국력도 팽창되어갔다. 송산리 고분군과 무녕왕릉을 답사하면서 백제 고을의 숨결을 조금이나마 이해하는 계기가 되었다. 그동안 삼국으로 나뉘어 서로 먹고 먹히는 상황에 문화재를 보호할 여력도 관심도 없었을 것이다.

어느 나라든 지역간 정서적 차이는 상존하기 마련이다. 오랜세월 삶의 터전이 되어왔던 압록강 주변과 고구려의 일부영토를 상실한 것은 못내 아쉽고 불완전한 통일이라 여겨지지만 경계를 한반도로 획정하게 하는 정치적 의미는 매우 크다고 할 수 있다.

문화유산은 유용한 관광자원이며 경제를 받쳐주는 버팀목이다. 앞으로도 숨겨진 백제의 고유의 문화를 발굴하고 발전시켜 자긍심을 높여주며 관광자원으로 활용하는 계기가 되길 바란다. (2021. 5. 20)

# 작은 도시국가, 싱가폴

면적이 좁은 작은 도시국가 싱가폴을 다녀왔다. 결혼 40주년을 맞아 아내와 함께 떠난 여행이다. 불과 1965년에 독립한 신생국이 세계 속에 우뚝 선 경제대국이 되었다. 인천국제공항을 출발한지 6시간 20분만에 말레이시아 조호바루(센나이공항)에 도착했다. 다리 하나를 두고 말레이시아와 이웃하고 있는 싱가폴은 얼마나 행복한 나라일까?

싱가폴(Singapore)은 Singa와 Pura의 합성어로 '사자의 도시'란 뜻이다. 이곳을 처음 발견한 인도네시아 왕국의 왕자가 사자를 닮은 짐승을 보고 부르기 시작했다고 한다. 서구 열강들의 세력다툼이 치열하던 16세기부터 싱가폴은 포르투칼, 네델란드에 이어 1819년부터 영국이 지배하고 있었다. 2차대전 당시 일본이 3년간 지배한 적은 있지만 전쟁이 끝난 뒤 다시 영국으로 넘어가 1963년에 독립하였고, 말레이시아에 합류했다가 1965년에 완전 독립한 것이다.

2차대전 이후 동남아지역의 경제상황은 모두 열악했고 정치상황 또한 혼란스러워 강력한 지도자가 필요했던 시기였다. 리광요(싱가폴), 장개석(대만), 박정희(한국), 호치민(베트남)은 같은 시기의 지도자들이다. 싱가폴은 영국의 지배를 오래 받아왔던 터라 영어통용이 가능하고, 해상교통의 중심지가 되어 개방된 서구 문화를 쉽게 받아들일 수 있었을 것이다.

인구 590만에 불과한 작은 도시국가 1인당 GDP 61,000불을 달성한 배경에는 권위주의적 통제와 국가주도로 경제성장을 이끈 리광요 총리가 있었다. 리 총리는 1959년부터 1991년까지 총리직을 유지하였으며, 퇴임 후에도 아들에게 세습하여 20여 년을 수렴청정垂簾聽政했다. 집권 초에는 정부조직에 부패방지국을 신설하고 가족, 친척은 물론 공직자의 비리를 철저히 차단했다. 지도자부터 검소한 생활을 하도록 풍토를 마련한 것이다.

우리 일행이 처음 방문한 곳은 국립식물원이다. 그 나라 국화國花가 양난이기 때문에 국가에서 운영하는 듯했다. 식물원에 6만여 종의 양난이 꽃을 피워 세계 최대의 식물원으로 조성한 곳이다. 싼값에 난을 수입하여 아름답고 다양한 꽃이 필 수 있도록 연구 개발하여 비싼 값으로 수출한다. 해상교통의 중심지답게 중개무역이 발전한 나라였다.

또 머라이언(Merlion)공원은 싱가폴의 상징인 거대한 사자상을 세워 입으로 물을 뿜어낸다. 공원 앞바다는 잔잔한 바다물결이 출렁이며 주변으로는 금융가와 호텔이 병풍처럼 둘러서있다. 좀 떨어진 곳에 있는 스카이파크(호텔)가 아름다움을 더해주고 있었다. 저녁노을은 한 폭의 그림처럼 그 나라의 장엄한 변화와 부러움의 대상이다.

그 나라의 랜드마크(land mark)인 스카이파크(Sky park)는 우리나라 쌍용건설이 2년간에 걸쳐 완공한 빌딩이다. 지상 200m 57층 높이의 세 쌍둥이호텔, 그 옥상에 거대한 배가 올려져 있어 도심속의 하늘정원을 자랑한다. 전망대, 레스토랑, 인피니티 풀장을 모두 갖춘 공간이다. 센토사섬의 아쿠아리움은 우리나라 여수에서도 볼 수는 있지만 그 규모가 훨씬 더 웅장하다. 싱가폴해협의 River Boat(크루즈)는 해넘이를 볼 수 있는 멋진 장소였다.

가장 먼저 떠오르는 싱가포르의 이미지 중 하나는 벌금罰金이다. 길가에 침을 뱉고, 껌을 씹거나, 화장실 물을 내리지 않아도 벌금을 내야 한다. 일본 식민지 시절 아무리 가난하고 일본군의 형벌이 가혹했어도 범죄행위가 더 줄었던 경험을 교훈으로 삼아 만들어낸 원칙이다. 미국인 소년이 낙서를 했다는 이유로 볼기를 때려 미국 정부로 부터 '좀 심하지 않은가'하는 외교문제로 비화되고 항의를 받기도 했지만, 아무도 예외를 두지 않았다.

우리보다 늦게 체제를 정비하기 시작했음에도 1인당 국민소득은 우리보다 배 이상을 추월했다. 중개무역과 금융업으로 경제를 세계 속에 우뚝 서게 만들었다. 부정적 요인도 없지 않았다. 아직도 언론통제가 심하고 수상 세습제가 이어가는 나라다. 행복지수는 세계 최하위 수준에 머물고 있다. 경제수준이 앞선다하여 국민이 행복한 것은 아니었다. 단기간에 선진국이 되는 것이 아니다. 피와 땀을 흘리며 이룩한 우리의 민주화 과정은 이 나라가 앞으로 겪어야 할 숙제려니 싶다.

작은 도시국가를 이처럼 발전시킨 배경은 뚝심있는 지도자 이광요 수상의 공이다. 지도자부터 정직하고 청렴한 바탕에서 출발하자는 것이다. 국가적 통합을 위해 공유가치 백서를 발표하면서 국가가 급속도로 발전했었다. 평균기온 32℃의 무더위지역을 관광대국으로 발전시킨 싱가폴은 연구의 대상이 아닐 수 없다. (2019. 12. 16. 새만금일보)

# 백두산 여행 (1)
-중국땅을 밟으며-

인천공항에서 50분만에 중국 요녕성 '대련국제공항'에 도착했다. 이곳은 고려말 최영 장군이 이성계와 조민수 장군을 보내 요동정벌을 꾀했던 곳이다. 명나라에 내전이 있을 때니 그 계획이 성공했더라면 그 땅을 우리가 차지했을 수도 있었을 텐데, 전략적 요충지 요동반도는 2차대전 당시에도 러시아, 일본 등이 각축전을 벌이며 탐을 냈던 땅이다.

또 다시 주몽이 세웠다는 졸본성 환인을 거쳐 백두산인근 통화까지 버스로 8시간을 달렸다. 가도 가도 끝이 없는 광활한 대지는 묵혀있는 땅이 많았다. 밭에는 옥수수, 논에는 벼 재배가 주종이다. 옥수수는 축산물 사료로 쓰이며 북한에도 수출한단다. 기후가 우리와 비슷하고 넓은 땅이니 마음만 먹으면 얼마든지 농산물을 생산할 수 있는 곳이다. 기계화가 가능하지만 일자리를 나누어 갖기 위해 모심기도 사람의 손으로 한단다.

중국은 1979년 개혁개방이후 급속도로 발전하고 있다. 등소평이 집권하면서 국가소유의 땅을 개인에게 70년 장기 임대조건으로 나누어 주었다. 그 후 자기 땅처럼 매매도 할 수 있으며 일한 만큼 많은 소출을 올릴 수 있게 되었으니 그때부터 사유경제가 시작된 셈이다. 땅값, 인건비도 싸다보니 각국에서 기업이 몰려들었다. 우리 기업들도 싼 임금 때문에 오래 전부터 진출해 있다. 우리나라 산업화시절처럼 도시로 가면 일자리를 구할 수 있어 열심히 일하면 부도 누릴 수 있는 사회로 급변하고 있다.

부작용도 많았으니, 경제는 발전하지만 물가는 급등하고 젊은이들은 도시로 도시로 빠져나가 농촌에는 일손이 부족해졌다. 십년이면 강산이 변한다는데 불과 1년에도 생활환경이 변하고 있었다. 대련의 한 시민은 9년 전에 집을 샀는데 9배로 올랐다고 하니 갈수록 집 마련하기가 어렵다는 뜻이다. 물가는 거의 우리나라 수준에 육박하는데 임금은 제자리를 맴돌고 있어 양극화현상이 뚜렷하단다.

우리가 여행하면서 관심을 끄는 곳은 북한 인접지역이었다. 북한 동포들이 어떻게 살고 있을지 멀리서나마 보고 싶었다. 광개토대왕비가 있는 집안시集安市는 옆으로 압록강이 흐른다. 압록강을 건너면 저쪽 헐벗은 산이 북한이라니 땔감이 부족하여 산림이 훼손되고 있으려니 싶다. 압록강 넓이가 10m정도에 물이 깊지도 않으니 마음만 먹으면 얼마든지 건널 수 있는 곳이다.

고구려 성터가 남아있고 기원 414년에 세워졌다는 광개토왕(중국명: 好太王碑)비를 둘러보았다. 너무 오래된 비문이라 글자가 마모되어 희미하게 남아있었다. 장수왕이 아버지의 업적을 기리기 위해 세웠다는 이 비문이 유실될 뻔 했으나 다행히 발굴된 것이다. 우리 문화를 저들이 잘 관리한 이유는 바로 동북공정東北工程이다. 우리의 중국동북 변경지역인 고구려, 발해를 중국의 역사로 편입시키려는 계획이다. 한강 이남만을 한국의 땅으로 인정하며 고구려인 북한을 자기네 땅으로 삼으려는 속샘이다.

저녁 어스름이 짙어올 무렵 단둥에 이르러 유람선을 탔다. 건너편엔 신의주가 있고 강을 따라 더 내려가면 위화도가 있다. 압록강변 초소에 북한경비병이 추위에 떨며 우리를 주시하고 있었다. 한국에서 왔다고 하니 손을 흔들며 눈인사를 한다. 저 밑으로 내려가니 군인 몇 명이 있었다. 담배를 던져주면 대화도 할 수 있다니 호기심에 두갑을 사서 던져주었지만 서로를 감시하고 있으니 내려오지 않았다.

단둥에서 저녁식사를 마치고 나오니 십여 명의 북한사람들이 식당 앞을 맴돌며 우리를 주시하고 있었다, 납치사건이 여러번 있었던 터라 긴장할 수밖에, 옷차림은 하얀 무명베옷으로 초라해 보이지만 무역하는 사람이란다. 말이 무역이지 값싼 북한의 농산물과 중국의 공산품을 교환하여 가는 일이다. 사진 한번 찍자고 제안하니 반대를 했다. 유일하게 남과 북이 마주할 수 있는 곳, 단둥을 평화의 도시로 만들 수는 없을까. (2017. 9. 19. 새만금일보)

# 백두산 여행 (2)

-천지를 바라보며-

머리가 허옇다 하여 백두산白頭山이다. 중국이름은 장백산長白山(창바이산)이니 같은 뜻이다. 동 · 서 · 남 · 북으로 네 갈래 길이 있지만 동파와 남파는 아직 일반인에게 개방되지 않아 북파北坡와 서파西坡를 주로 이용한다. 파坡란 언덕이란 뜻이니 봉우리를 말한다. 북한이 인접한 북파를 먼저 오르기로 했다.

북파는 2,670m의 천문봉天文峰이 있는 봉우리다. 명불허전名不虛傳 거대한 산이지만 완만하게 이어지는 오르막길이어서 인근숙박지 통화로부터 버스로 6시간을 달려야 했다. 첫 주차장에서 세 번이나 차를 갈아타면서도 가파른 길은 소형차로 이동했다. 정상을 불과 5분거리까지 자동차로 올라갔으니 차를 타는 시간이 그리 오래 걸린 것이다.

마지막 주차장에 이르니 사람들이 북적였다. 동절기엔 너무 추워 오후 2시까지만 입장이 허용된 곳이다. 90% 이상이 중국인이요, 어디를 가든 중국인 일색이다. 우리나라와 4계절이 같다는 중국의 동북3성 주민들도 유일한 관광지, 백두산을 즐겨 찾는 곳이다. 차에서 내리니 찬바람이 쌩쌩 불고 한겨울을 방불케 하여 두꺼운 옷으로 갈아입었다. 미쳐 옷을 준비하지 못한 사람은 만원을 주고 빌리면 되었다. 그 옷은 검거나 빨간 인민군복과 다를 바 없었다.

천지天池에 오르니 탄성이 절로 나왔다. 약간의 장애물은 있지만 멀리 조망할 수 있으니 힘들여 온 보람이 있었다. 민족의 영산, 백두산! 하늘은 맑고 벅찬 가슴은 눈시울을 뜨겁게 달구었다. 처음으로 보는 천지天池인데 왜 이리 낯설고 외로워질까. 아내와 나는 얼굴을 마주하면서도 말없이 손만 꼭 잡았다. 북녘 땅은 냉기만 감돌 뿐 아무런 메아리도 없으니 답답할 따름이다. 그래도 일행은 천지 등정을 증명하려는 듯 카메라를 눌러대기에 바빴다.

'동해물과 백두산이 마르고 닳도록…, 천지 표지석을 붙들고 애국가라도 부르고 싶었지만 노래나 고성을 삼가라는 안내방송이 계속 흘러나왔다. 조심스럽지만 우리 일행은 한쪽에 모여 기도를 드렸다. 북한과 경계지역이니 조심해야 했다. 아무리 문을 두드려야 꿈쩍도 하지 않는 저들, 중국은 이처럼 백두산 주변을 개발하고 돈벌이에 혈안이 되어 있는데 무얼하고 있는가. 같은 민족끼리 총부리나 겨누며 미사

일을 쏘아대는 북한이 한없이 원망스럽고 야속하기만 했다.

세계지도는 장백산만 있을 뿐 백두산이란 이름은 이미 사라져가고 있단다. 언제 실효지배를 주장하며 동북공정의 괴변을 늘어놓을지 모르니 몸도 마음도 으스스해졌다. 나도 모르게 대피소로 몸을 숨겨 컵라면으로 몸을 녹였다,

천지를 내려오니 그 유명한 비룡폭포가 있다. 천지에서 쏟아지는 물은 장엄하여 접근하지 못하고 멀리서만 구경해야 했다. 물은 북쪽으로 흘러 송화강을 이루고 만주벌판, 연해주를 지나 북태평양으로 흐른다. 폭포를 따라 옆에 터져 나오는 천연온천은 달걀도 삶을 수 있는 섭씨 84도의 물이 솟아 노천으로 흐르고 있다.

다음날은 서파西坡를 등정하는 날이다. 백두산만은 확실히 알고 가자는 생각이었다. 해발 2,470m 백문봉白文峰, 주차장에서부터 걸어야 하는 길목에는 야생화군락지가 있다. 지금은 추워서 꽃이 다 져버렸지만 6~7월엔 그렇게 아름다운 곳이다. 오르는 길이 완만하고 1,440여 방부목계단이 한적하게 설치되어 있다. 돈벌이를 하는 가마꾼들이 여기저기서 유혹을 한다. 일행 한 분이 다리가 불편하다며 탔지만 바로 내려버렸다. 부모님같은 분이 비틀거리며 메고 가는데 어떻게 갈 수 있겠느냐는 것이다. 마음씨 고운 Y집사님은 요금(2만원)만 봉사한 셈이다.

능선에 검은 먹구름이 지나가고 골짜기에는 얼음이, 산자락에는 서릿발이 꽃처럼 경관을 아름답게 꾸미고 있다. 정상에 오르니 북파보다 조금 낮은 해발 2,470m, 북파보다 장애물이 없으니 장관이었다.

구름한점 없는 맑은 하늘은 우리를 축복하더니 난데없는 바람에 우박세례를 퍼붓고 있다. '조선'이라는 북한경계석이 우리를 바라보고 있으니 가슴이 시렸다. 그러함에도 일행은 백두산 등정을 감탄하며 인증샷에 여념이 없으니 철이 없는 걸까.

내려오는 길에 금강대협곡도 큰 볼거리였다. 그랜드캐년을 보는듯 저 밑으로는 강물이 흐르고, 우뚝 우뚝 솟아있는 기암괴석은 중국 장가계의 모습을 연상케 했다. 북한이 소유한 백두산은 어떻게 보존되고 있을지 기대가 되고 가슴이 두근거렸다.

남과 북이 분단된 지 67년, 함께살던 부모세대는 점점 멀어져 가고 그 실정을 알지 못하는 아들, 손자세대가 그 뒤를 이어받고 있다. 북한의 백성들은 굶주리고 있는데 핵무기를 만들어 전쟁놀이에 광분하고 있으니 물가에 둔 아이처럼 걱정이 앞선다. 우리 서로 머리를 맞대고 아름다운 강산을 노래하며 잘사는 방법을 찾아볼 수는 없을까. (2017. 9. 5.)

# 관광의 나라 태국

아랫동서 회갑 기념으로 처가네 다섯 가족이 태국여행길에 올랐다. 한창 일할 나이에 명예퇴직을 하고 요양하던 동서라서 마음이 아프기도 했지만 건강을 되찾아가고 있으니 감사한 마음이었다. 오랜만에 가족들끼리 떠나는 여행이니 어찌 설레지 않으랴.

비행기를 타는 밤하늘은 황홀했다. 구름 한점 없는 허공을 지날 때는 하늘과 땅을 구별할 수 없을 만큼 별천지였다. 별이 바다에 반사된 걸까, 아니면 땅의 불빛이었을까? 바다를 가르는 야간 비행은 장관을 이루고 있었다. 인천에서 6시간 만에 방콕의 스완나폼 국제공항에 도착했다.

□ 미소가 많은 넉넉한 나라

"사와디캅!" 현지가이드의 인사로부터 여행이 시작되었다. '안녕하세요'라는 뜻이다. 버스에 올라서니 교통체계가 우리와 사뭇 다르다. 모든 차량이 좌측통행이며 운전석은 우측이다. 우핸들 좌측통행국가는 영국을 비롯하여 일본, 호주, 홍콩 등 세계 20%를 차지한단다. 태국도 제2차 세계대전 때 일본과 동맹을 맺었다는 이유로 당당한 4대 패전국이란다. 그런 연유에서인지 대부분 일본차량이다. 톨게이트에 High Pass대신 Easy Pass라 되어있었다. 번잡한 중심가에는 2층 도로가 있는데 1층 도로는 무료이지만, 2층은 유료고속도로란다.

불교의 나라 94.7%가 불교도인 태국은 보석의 나라, 미소의 나라로 통한다. 종교의 자유를 인정한다지만 이슬람 4.2%, 기독교 1.1%에 불과하다. 힌두교의 영향을 받아 '정령의 집'이라 하여 입구에 신당을 만들어 놓고 신당을 헐기 전에는 집에 페인트칠이나 손질을 하지 않는 것이 일반화된 습관이다. 보석은 원석이 자국에서 많이 생산되며, 성격이 느슨하지만 서두를 이유가 없단다. 총기 소유도 가능하지만 사고가 없고, 시비를 걸지 않으면 싸움이 없으며, 미소가 많은 마음이 넉넉한 나라다.

타이는 서기 500년~700년경 크메르왕국(앙코르왕조 현 캄보디아)의 영향아래 있었으나 그 세력이 약해지는 틈을 타 지금의 태국 땅으로 옮겨 1238년 최초의 통일된 스코타이왕조가 시작된 것이다.

왕의 세습을 인정되는 입헌군주제立憲君主制의 의원내각제이다. 현 푸미콘 국왕은 1946년에 즉위한 이래 국민들의 존경의 대상이며, 어디를 가나 사람이 모이는 곳이면 국왕의 사진이 걸려 있으니 그 권위가 대단했다. 빈부격차가 많고 월급이 오르질 않아도 왕이 살아있는 부처의 역할을 한다는 믿음이 있어 서민들이 불만을 품지 않는단다. 동남아에서는 서구 열강의 식민지생활이 없었던 유일한 나라라는 긍지가 대단하다. 1283년 스코타이 왕조에 이어 1782년에 차그리장군이 라마1세가 되어 수도를 방콕으로 옮기고 라마시대가 이어지고 있다.

정글의 나라 태국은 6 · 25때 우리에게 가장 먼저 파병을 신청한 우방이다. 비록 GDP 5,500불 수준이지만 관광자원이 풍부하여 비교적 동남아에서 잘사는 나라에 속한다. 산이 많을 법도 한데 85%가 평야로 산은 15%에 불과하단다. 연평균 날씨는 27℃를 웃돌지만 11월~3월까지는 섭씨 24℃이하를 유지하여 생활하기에 좋은 계절이다. 4~5월에는 37도로 치솟고 5~10월은 우기로 비가 많은 계절이다. 30분 정도씩 비가 내리지만 10분만 더 내려도 홍수가 나고 난리가 난다는 것이다.

첫 방문지는 에라완박물관이다. 힌두신화에 등장하는 머리가 셋 달린 코끼리는 아이라바타(Airavata)의 타이식 이름이다. 에라완박물관의 상징 삼두 코끼리는 무앙보란의 소유자 비리야판이 자신의 소장품을 전시할 목적으로 건립했던 곳이다. 머리무게만 100톤, 건물 15층 높이의 아이라바타의 크기는 위압감을 준다. 코끼리상의 기단내부도 화려하게 잘 조성된 정원과 사원이 조화를 이루고 있어 코끼리의 나라를 홍보하기 위함인지, 새로운 관광명소로 부상하고 있다.

눈길을 끄는 것은 "알카자 쇼"다. 파타야에 가면 꼭 한 번쯤 거쳐봐야 할 코스다. 미스알카자선발대회에서 선발된 트랜스젠더(Transgender)들이 선보이는 공연이다. 그 나라의 전통무용에 민속을 모아 춤과 무용으로 즐거움을 주고 있다. 관람객들의 호응을 얻고자 각 나라의 노래나 민속을 공연하기도 한다. 한국인들을 위해 아리랑을 부르며 한복을 입고 부채춤을 선사하니 고맙고 갑자기 애국자가 된 듯 가슴이 울리는 순간이었다.

트랜스젠더(Transgender)는 사회적 성과 생물학적 성이 일치하지 않는 사람이다. 육체적 성별의 반대집단이 되기를 갈망하는 이들이다. 남자일 수도 여성일 수도 있으나 남자로 태어나 여자로 성전환수술을 한 사람이 대부분이다. 이들은 아예 남자의 역할도 여자의 역할도 할 수 없는 불행한 사람이다. 아이를 가질 수도 없으며 대부분 수명이 짧다고 한다. 이에 비해 게이(Gay)는 남녀동성애자를 뜻하지만 주로 남성이다. 이들은 남성의 역할을 다 할 수 있으며 결혼도 자녀생산도 가능하나 동성만을 좋아한다는 특징이 있다. 쇼가 끝난 뒤에는 포토타임이 있다. 같이 사진이라도 찍으려면 팁(2불정도)을 주어야 한다.

파타야시 인근에 해양관광지 산호섬이 있다. 스피드보트를 타고 30분 이상 달려야 한다. 속도가 빠르다보니 갑자기 암초에 부딪치는 듯 심하게 흔들리므로 허리가 아픈 사람은 앞에 타지 말아야 한다.

바닷물이 너무 맑고 하얀 모래사장으로 둘러있어 관광객으로 인산인해를 이루는곳, 중국에서 빌려드는 관광객이 80% 이상을 차지하다

보니 간판이며 안내판이 중국어로 설치되어 붙어있다. 가족이나 단체들끼리 물속에서 튜브를 타고 Sea Working을 하거나 낙하산 타기를 즐기기도 한다.

그날 기온이 37℃라고 하지만 체감온도는 42℃를 방불케 하였다. 37℃가 넘으면 모든 사업장에 출입이 통제되므로 엄격한 규제는 자제하는 분위기인듯 아무리 더워도 온도계를 37℃ 이내로 조정하고 있다고 가이드는 말한다. 뒤편의 건설현장에서는 현대굴삭기를 이용하여 작업을 하고 있어 고향친구를 만난 것처럼 반가웠다.

□ 그들은 어떻게 살고 있는가

태국사람들은 세 분의 왕을 대왕으로 호칭하며 존경한다. 영토를 확장하고 태국어를 창제(1238년)한 스코타이 람카행 왕과 노예제도를 해방한 라마5세 그리고 현 라마9세 등이다. 현재 쓰는 태국문자는 수코타이 왕조의 람캄행 왕이 창제한 글이지만 너무 난해하여 말하기는 쉬워도 글을 써 놓으면 이해하기가 힘들어 배우기 어렵다고 한다.

태국에 가면 '아난다 사마콤궁전' 관람을 빼놓을수 없다.

라마5세 출랑롱코든 왕(1868~1910)은 조국 근대화에 앞장선왕으로 온국민이 가장 존경하는 국왕이다. 라마5세때 궁전건축을 시작하여 라마6세때 완성했으니 그 규모가 동양의 베르사유궁전이라 불릴 정도로 유럽풍의 르네상스 건축양식이다. 여기에는 태국전통이 살아있는듯 국왕의 모습과 갖가지 장식품 등이 보석으로 마감되어 화려하게 치장되어 있다.

관람하는데는 왜 그렇게 절차가 까다로울까. 남자는 반드시 긴바지와 긴소매의 옷을 입어야 하며 모자는 금물이었다. 여자는 긴치마를 입어야하고 사정이 여의치 않을경우 보자기를 구입하여 무릎아래까지 둘러야 입장이 가능하다. 그들이 존경하는 성지라하여 요구하는 일이니 싫으면 들어가지 않으면 그만이다. 그래도 그렇지 너무하지 않은가, 당초에는 왕의 집무실로 사용되었으나 국회의사당으로 사용했으며 지금은 국립박물관으로 활용하고 있다.

수상시장水上市場은 무한도전의 런닝맨 촬영지로 이름난 곳이다. 잊혀져가는 태국의 전통문화를 보존하기 위하여 인공호수를 만들어 정책적으로 조성했다. 수상에 가옥을짓고 고기를잡아 생활을하던 그들의 모습을 엿볼수 있어 관광객들이 몰려든다. 편의를 위해 80여척의 보트를 준비하여 배로 구경할 수 있는 곳이다. 건축물은 티크나무와 전통목재로 지어졌으며 의류와 악세서리, 먹거리, 전통공예품 등을 판매하여 멋진 볼거리를 제공하고 있다.

파타야 야시장의 묘미는 역시 길거리 음식이다. 인기를 끄는 '로띠'를 맛보기로 했다. 바나나와 연유에 초코시럽을 넣고 반죽하여 계란프라이 하듯 호떡 비슷하게 만들어준다. 달콤하고 입맛에 맞아 맛있는 음식이다. 대표적인 과일로 망고, 두리안, 망고스틴, 소옴포멜로, 용과 등은 값도 싸서 원없이 먹을 수 있었다.

망고는 알레르기성이 있어 피부병을 일으키기도 한다. 그 특성 때문에 나역시 귀국후 다리에 물집이 생겨 오랫동안 병원엘 다녀야 했다. 쇼핑센터에 가면 돈 많이 쓰는 중국인보다 돈 안쓰는 한국인은 인기가 없단다. 공산품의 경우 우리제품과 비교할 수 없을 정도여서 가격만 물어보고 쇼핑을 즐긴다니 말이다. 파타야에서 가까운 곳에 세계에서 가장 크다는 불상을 볼 수 있는 '황금절벽사원'이 있다. 높이가 100m가 넘는 돌산 한쪽을 깎아 불상의 형태를 만들어 18k로 도금했다. 순금만 5.5톤을 쏟아 부었으니 엄청난 시설이다. 라마9세 푸미폰 국왕 즉위 50주년 기념으로 아버지의 만수무강을 기원하며 1988년에 왕자가 선물한 사원이란다. 곳곳에 불교사원이 2만 여개나 된다니 불심이 얼마나 큰지를 짐작할 수 있었다.

특히 이 나라는 동물과 관련된 온갖 상품을 판매한다. 코브라와 입을 맞추고 구렁이를 목에감고 묘기를 부린다. 3류 선수들이 권투시합을 하고 패자가 관광객으로부터 찬조금을 받기도 한다. 가장 인기있는 상품은 코끼리 트래킹이다. 20여 마리를 동원하고 등위에 의자를 설치하여 타보는 체험을 즐기게 한다. 코끼리의 털을 간직하면 좋은 일이 생긴다는 속설에 따라 털을 몇개씩 뽑아가기도 하고 털을 녹여 만든 반지를 팔기도 한다.

야생코끼리를 길들이기 위해서는 '파잔의식'을 한다. 아기코끼리가 보는 앞에서 어미를 모질게 죽인 후 아기코끼리를 틀에 가두고 밧줄로 몸을묶어 날카로운 쇠로 사지를 찌르고 베고 굶기는 과정이 이어진단다. 어려서부터 길 들이기 위한 혹독한 과정이라지만 잔인한 동물학대가 아닐 수 없다.

늘 푸른강산을 자랑하며 싼값으로 골프를 즐길수 있어 골프족들이 몰려오는 나라 태국은 태평양과 인도양을 가로지르는 지점에 해수욕

장을 개발하여 여가를 즐기려는 세계인들을 유혹하고 있다. 특히 주석과 진주 등 광물자원 매장량이 많아 걱정거리가 없고 미소를 잃지 않은 이유가 여기에 있다. 미래를 걱정하거나 먹거리를 염려하지 않는다니, 이것이 태국 국민들에게는 행복이려니 싶다. (2016. 5. 10.)

이우철 수필집

# 낯선 길, 새로운 시작

**인쇄** 2023년 2월 6일
**발행** 2023년 2월 9일

**지은이** 이우철
**발행인** 서정환
**펴낸곳** 수필과비평사
**주소** 서울시 종로구 삼일대로 32길 36(익선동 30-6 운현신화타워 빌딩) 305호
**전화** (02) 3675-3885, (063) 275-4000 · 0484
**팩스** (063) 274-3131
**이메일** sina321@hanmail.net essay321@hanmail.net
**출판등록** 제300-2013-133호
**인쇄 · 제본** 신아출판사



ISBN 979-11-5933-459-7 03810

값 13,000원

Printed in KOREA